STILVOLL MIT *Resin*

Schmuck und Deko aus Kunstharz

Schritt für Schritt zum Lieblingsstück

CV

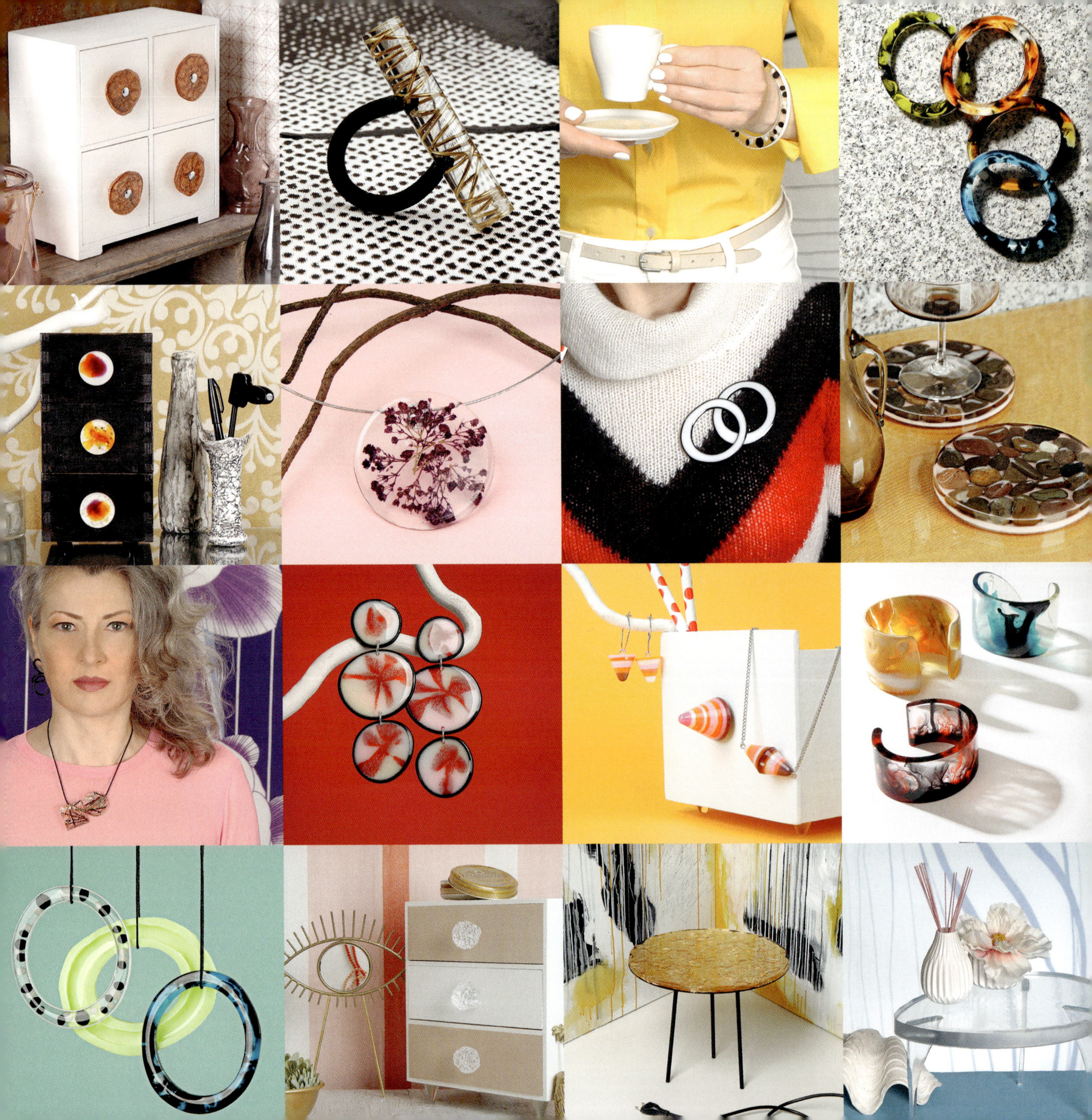

Darum Resin!

MATERIALKUNDE

Das passende Kunstharz 7
Was man braucht, um loszulegen 8
Mischen 10
Farbgeber 12
Formgeber 13
Formenbau mit Silikon 16

GRUNDTECHNIKEN

Blüten-Anhänger 18
Farbklecks-Möbelgriffe 20
Draht-Brosche 24
Orangen-Möbelgriffe 28
Kieselstein-Untersetzer 32
Flexibler Ring 35
Messingrohr-Anhänger 39

EFFEKTE

Draht-Armreif mit Punkten 42
Gestreifte Schmuckperlen und Möbelgriffe 45
Marmorierte Draht-Ohrringe 49
Marmorierter Armreif (flach) 54
Marmorierter Armreif (breit) 57
Terrazzo-Tablett 60
Terrazzo-Armreif 63

FORMENBAU UND KONSTRUKTION

Silikonform Armreif flach 66
Silikonform / Kristall-Möbelgriffe 70
Silikonform / Häkelstern-Schale 75
Deko-Tisch „Goldene Schallplatte“ 80
Transparenter Deko-Tisch 86

NACHBEARBEITUNG

Laminieren 92
Schleifen und Polieren 92

BEZUGSQUELLEN/IMPRESSUM 96

Darum Resin!

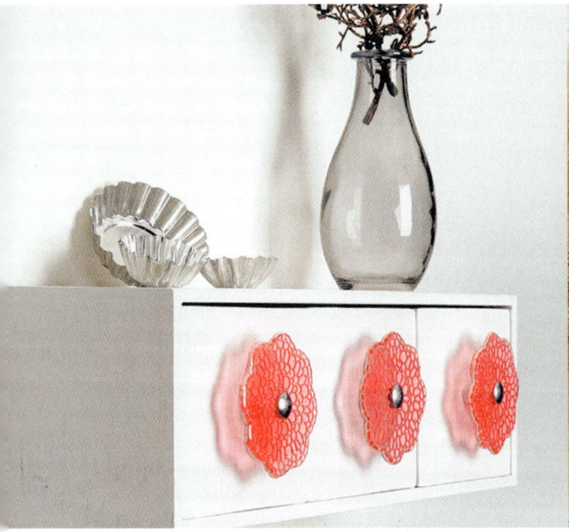

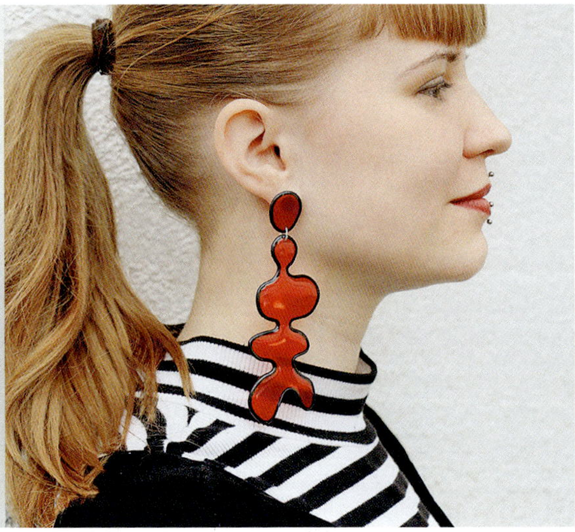

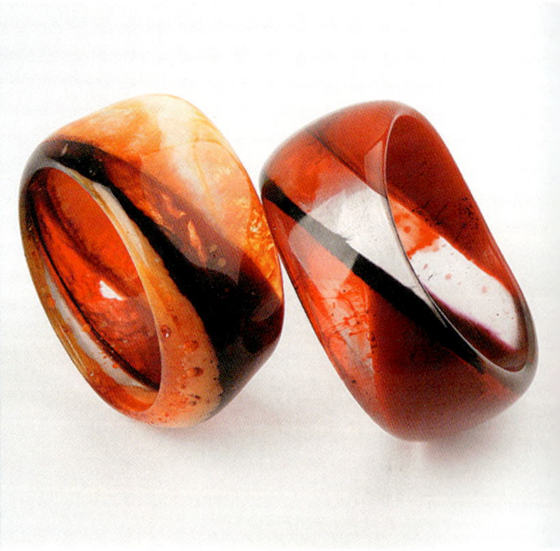

Liebe Resin-Freunde,

als handwerkliches Material zur Herstellung dreidimensionaler Objekte tritt Resin – oder Kunstharz – zunehmend aus dem Nischendasein. Viel hat damit zu tun, dass seitens der Hersteller leicht zu handhabende Produkte auf den Markt gekommen sind und dank des Internets die Beschaffung von Formen und Hilfsmitteln enorm einfach geworden ist.
Der flüssige Werkstoff wird gemischt und verfestigt sich zu einem glasähnlichen Körper. Kunstharz ist lufthärtend, sodass die Verarbeitung ohne Maschineneinsatz vonstattengeht. Anders als andere plastische Materialien ist der Werkstoff jedoch durchsichtig, was spannende Einbettungen und Schwebe-Effekte ermöglicht. Kunstharz verbindet sich mit fast allem, lässt sich durch Schichten beliebig hoch aufbauen und außerdem färben, sodass eine Vielzahl an kreativen Umsetzungen möglich ist.
Wie schwer kann es schon sein, zwei Flüssigkeiten zu mischen und in ein Behältnis zu gießen? Denn das beschreibt den Kern der Kunstharz-Arbeit. Die Antwort lautet: gar nicht. Ausschlaggebend für das Ergebnis sind weniger die Minuten des „Gießens“, sondern das, was davor und danach geschieht. Um ein gutes Ergebnis zu erzielen, verlangt die dreidimensionale Arbeit mit Kunstharz eine sorgfältige Vorbereitung, Konzentration bei der Ausführung und je nach Komplexität des Projekts eine gehörige Portion Geduld. Denn Kunstharz härtet über 20 Std. und mehr, was mehrschichtigen Projekten eine langwierige Umsetzung abverlangt.

Das Buch startet mit einer Einführung in das Material. Die nachfolgenden Tutorials sind in drei Kapitel gegliedert. Ausgehend von den Grundtechniken werden Einbettungen, Effekte mit Farben und der Aufbau in Schichten erprobt, Objekte konstruiert und eigene Formen mit Silikon hergestellt. Das technische Wissen wird schrittweise ausgebaut, die Anzahl der Gießschritte erhöht sich, und die Vor- sowie Nachbereitung nimmt mehr Raum ein. Dennoch sind die Anleitungen für jeden zum Nachmachen konzipiert: Einfaches Werkzeug genügt, und es ist wenig Nachbearbeitung erforderlich. Weiterführende Tipps zur Nachbearbeitung sind im letzten Kapitel zusammengefasst.
Ich bin dem Werkstoff Kunstharz schon seit nahezu 20 Jahren restlos verfallen und noch immer gefesselt von den unendlichen Möglichkeiten. Unter dem Künstlernamen Edna Mo – zusammengesetzt aus einem englischen Vor- und einem chinesischen Nachnamen – blogge ich zum Thema Kunstharz-Schmuck und -Deko auf EdnaMo.com und veröffentliche regelmäßig handwerkliche Tutorials. Ich tüftle gerne an Entwürfen und Konzepten für die Umsetzung, aber es liegt mir ebenso am Herzen, das handwerkliche Wissen auch weiterzugeben. Ich würde mich über deinen Besuch auf meinem Blog sehr freuen. Über Etsy sind meine Schmuck-Kreationen online erhältlich.
In Buch- und Zeitschriftenpublikationen werden meine Tutorials auch international veröffentlicht, und ich biete in Kooperation mit Herstellern Workshops und Vorführungen an. Als Diplom-Fotodesignerin entstehen meine Fotos in Eigenregie. Auch die Tutorials sind mit Selbstauslöser entstanden, was beim beidhändigen Hantieren mit flüssigem Kunstharz immer ein großer Spaß ist.

Ich widme dieses Buch allen, die bereit sind, sich auf das Abenteuer Kunstharz einzulassen.

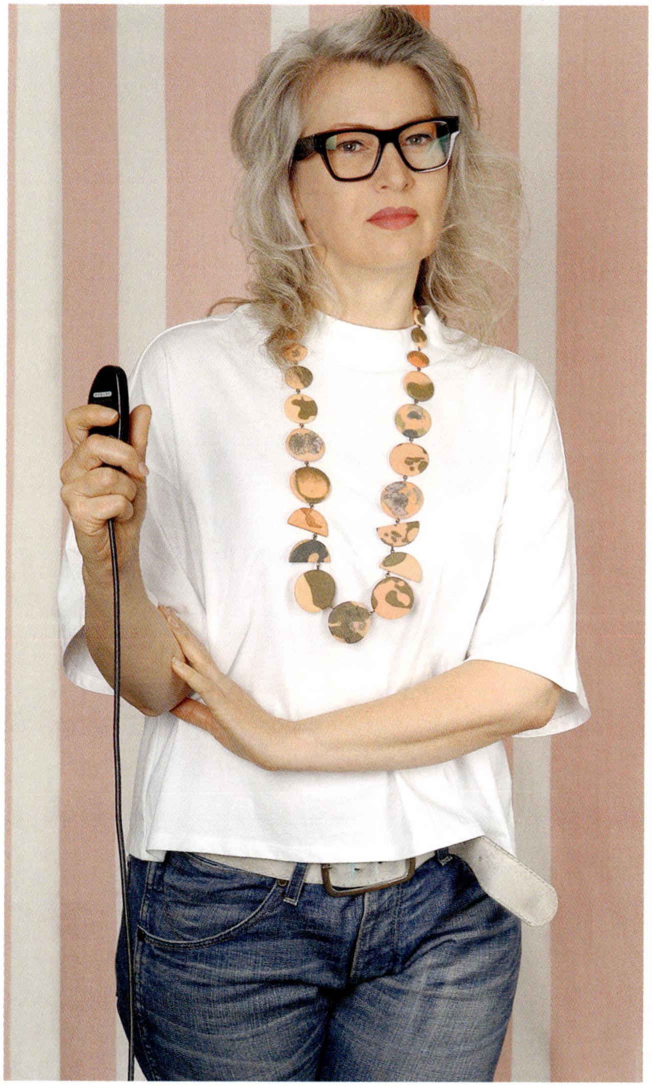

Viel Spaß und Erfolg wünscht dir

Edna Mo

www.ednamo.com, www.ednamo.etsy.com

Materialkunde

Kunstharz, Epoxidharz, Resin – Kunstharz ist der Oberbegriff für flüssige Werkstoffe, die in der Regel aus zwei Komponenten bestehen: Harz und Härter. Beim Zusammenbringen der beiden Komponenten wird eine chemische Reaktion ausgelöst, und das Material härtet über eine definierte Zeitspanne aus. Die englische Schreibweise Resin hat sich auch bei uns eingebürgert, da zunächst Epoxidharze aus dem Ausland den Kreativsektor besetzt haben.

Es gibt für jede erdenkliche Anwendung passende Kunstharze, die sich durch ihre Eigenschaften bei der Verarbeitung oder im gehärteten Zustand unterscheiden. Für dreidimensionale Exponate wird primär Epoxidharz verwendet, das besonders einfach zu handhaben ist.

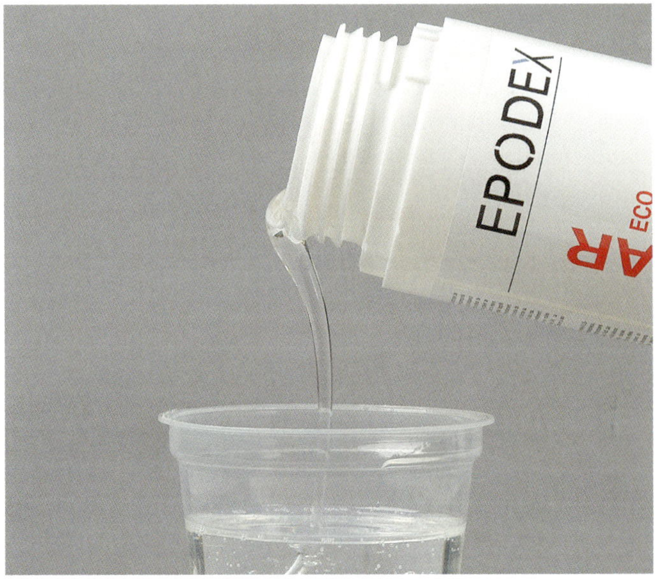

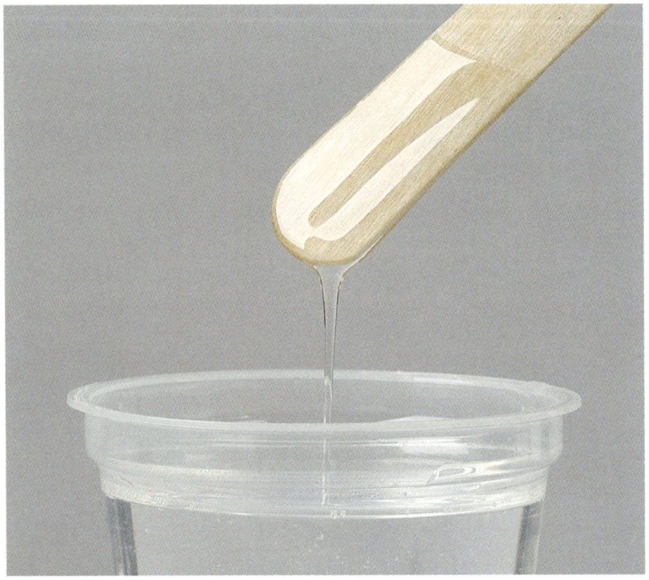

Jedes Kunstharz-Produkt hat einen Anwendungsbereich, für den es ausgelegt ist und in dem es zuverlässig arbeitet. Nutzt man ein Produkt für eine andere Anwendung, wird das wahrscheinlich nicht zum gewünschten Ziel führen. Um unterschiedliche Exponate zu realisieren, benötigt man daher mehr als ein Kunstharz. Das Hauptkriterium für die Auswahl ist die zu gießende Schichthöhe, aber auch die Verarbeitungszeit und die -temperatur spielen eine Rolle.

DAS PASSENDE KUNSTHARZ

Für die Exponate in diesem Buch wurden drei Epoxidharze des deutschen Anbieters EPODEX verwendet. Mein herzlicher Dank geht an das Unternehmen für die großzügige Unterstützung, ohne die dieses Buch nicht möglich gewesen wäre.

Epoxidharz-System ECO

Geeignet für Schichten bis 1 cm Höhe pro Gießvorgang. Ideal für dünne Schichten auch bei unter 20 °C Umgebungstemperatur. Leicht warmtonig. Mischzeit „zwei plus eine Minute“. Verarbeitungszeit 25 Min., Aushärtezeit 20 Std.

Epoxidharz-System PRO (PRO Harz mit PRO Härter)

Geeignet für Schichten bis 2 cm Höhe pro Gießvorgang. Glasklare Aushärtung. Mischzeit „drei plus zwei Minuten“. Verarbeitungszeit 65 Min., Aushärtezeit 20 Std.

Das Harz kann beim Mischen und in den ersten 15 Min. trüb wirken. Es wird im Verlauf der Verarbeitungszeit klar.

Epoxidharz-System PRO+ (PRO Harz mit PRO+ Härter)

Geeignet für Schichten bis 5 cm Höhe pro Gießvorgang. Glasklare Aushärtung. Mischzeit „drei plus zwei Minuten“. Verarbeitungszeit 360 Min., Aushärtezeit 72 Std.

Die Angaben beziehen sich auf eine Umgebungstemperatur von 20 °C. Wenn dein Arbeitsbereich wärmer oder kälter ist, verkürzen oder verlängern sich die Verarbeitungs- und Aushärtezeiten. Epoxidharz sollte bei Raumtemperatur gelagert werden.

EPODEX

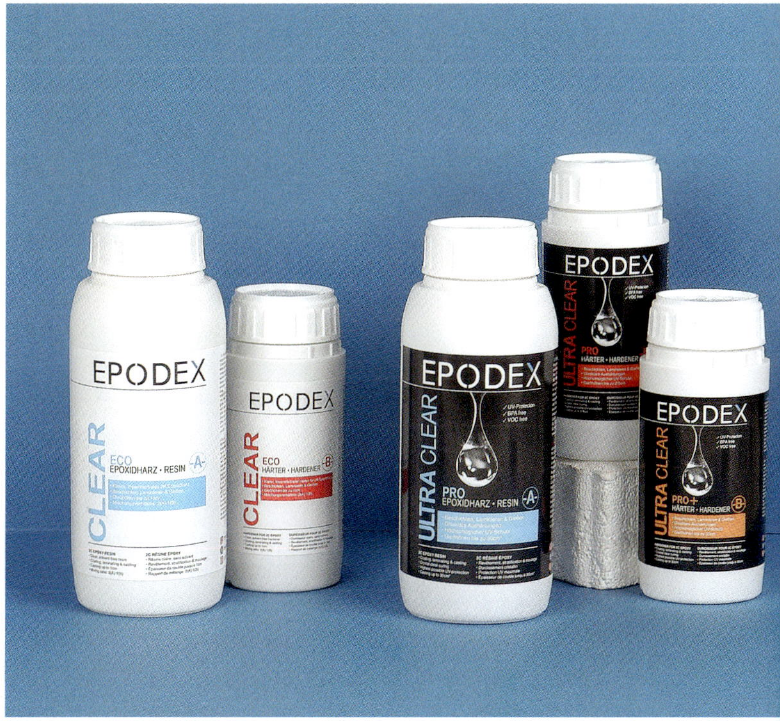

Gefahrenstoffhinweis

EPODEX Epoxidharze sind frei von Lösungsmitteln, Weichmacher-Phthalaten und laut Rezeptur ohne freies BPA (Bisphenol A). Sie sind nicht giftig, nicht entzündlich und bergen keine Gesundheitsgefahr (nach GHS06, GHS02 und GHS08 REACH Compliance). Die PRO- und PRO+-Systeme sind zudem frei von VOC (volatile organic compounds = flüchtige organische Verbindungen).

Auch wenn sie geruchsarm sind, enthalten sie schädliche Stoffe, die beim Mischen und Trocknen ausdampfen und über Bohr- und Schleifstaub eingeatmet werden können. Daher sollte man bei der Arbeit möglichst gut lüften und sich vor Hautkontakt schützen: bei der Verarbeitung sowie beim Bohren und Feilen mit Handschuhen, Schutzkleidung, Atemmaske und Schutzbrille.

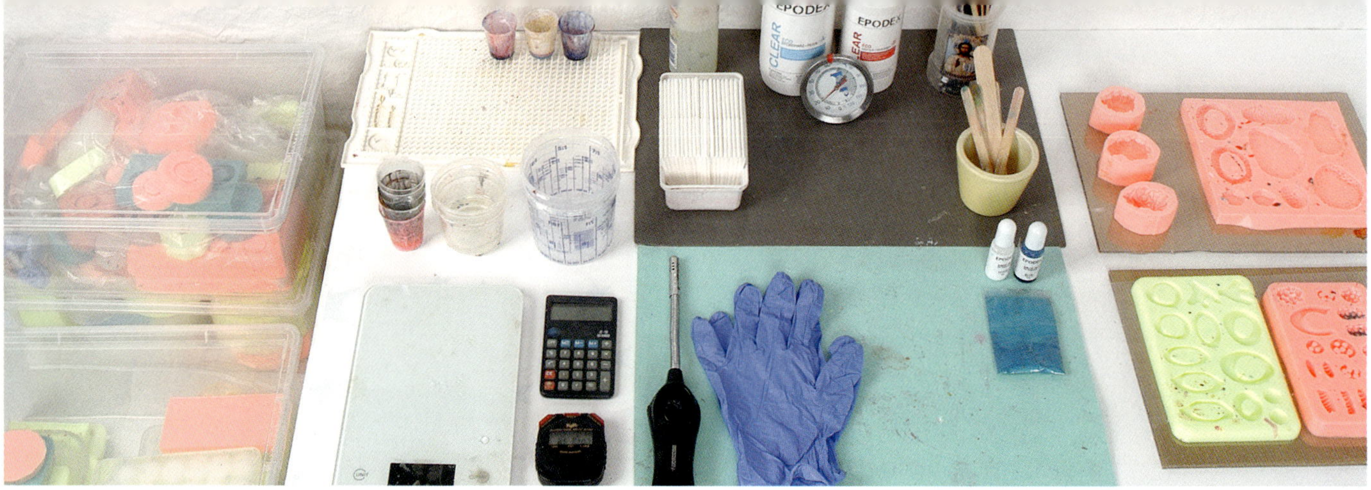

WAS MAN BRAUCHT, UM LOSZULEGEN

Zuerst: einen Arbeitsplatz, der undurchlässig abgedeckt und waagrecht ausgerichtet ist. Die Werkstücke sollten zum Härten über Nacht oder einen längeren Zeitraum stehen bleiben können.

Sobald Kunstharz gemischt ist, beginnt es zu härten, und die Uhr tickt. Daher vorab alle benötigten Dinge in Reichweite stellen, damit man sich beim Gießen nur darauf konzentrieren kann.

Harz und Härter
Form, Farbgeber, Einbettungsobjekte
Raumthermometer zum Prüfen der Verarbeitungstemperatur
Digitale Küchenwaage zum Abwiegen
Taschenrechner zum exakten Ermitteln der benötigten Mengen
Stoppuhr (eine, die schmutzig werden kann, NICHT das Smartphone!)
Kunststoffbecher zum Mischen, Holzspatel, Holzstäbchen
Küchenkrepp zum Reinigen von tropfenden Harzflaschen und Mischbechern
Stabfeuerzeug zum Verscheuchen von Luftblasen
Aceton zum Zwischendurch-Reinigen der Handschuhe
Handschuhe und Maske

Die Holzstäbchen reinige ich nach der Arbeit mit Küchenkrepp. Auch die Mischbecher lasse ich einfach trocknen und kann sie so mehrfach benutzen.

Vor, während und nach der Arbeit mit Kunstharz benötigst du folgendes Werkzeug:
Cutter und Metallfeile zur Nachbearbeitung
Pinzette zum Positionieren
Bastelzangen
Minibohrer mit Bohraufsätzen
Heißklebepistole
Doppelklebeband, Tesa Perfect Gewebeband, Paketband, Tesafilm
Overheadfolie DIN A3 als Unterlage, von der gehärtetes Harz abgelöst werden kann
Karton in verschiedenen Größen und Stärken

Wenn die Form bewegt werden muss, solange das Harz noch flüssig ist, schiebt man vorsichtig eine stabile Pappe unter und transportiert sie damit an einen staubfreien Platz. Auf diese Weise kann sich das Werkstück nicht verziehen und behält seine Form. Auch auf den Fotos in den Tutorials sind diese Transporthilfen zu sehen. Die Pappe wird idealerweise untergelegt, bevor mit dem Gießen begonnen wird.

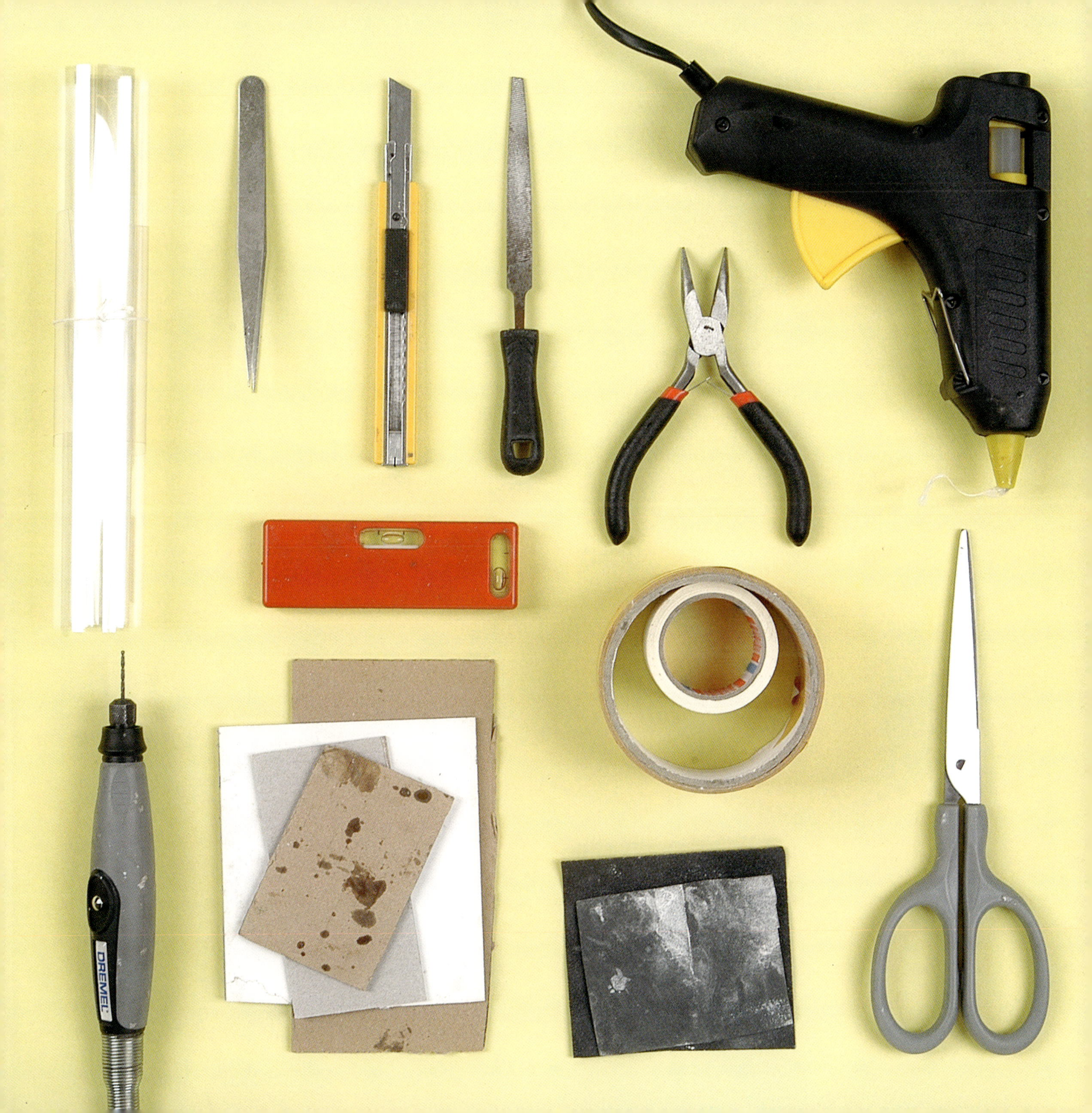
DREMEL

MISCHEN

Die für die Buchprojekte genutzten Epoxidharze werden im Verhältnis 1:2 gemischt. Auf einen Teil Härter kommen zwei Teile Harz, sodass in Summe drei Teile gemischt werden. Damit die Aushärtung gut funktioniert, werden Harz und Härter auf der Waage genau abgewogen.

Wie viel Kunstharz wird für das Projekt eigentlich benötigt? Bevor man sich damit verrückt macht, empfehle ich, Mengen zu mischen, die man sich gut merken kann, wie „wenig“, „mittel“ und „viel“. Das entspricht beispielsweise 30, 75 und 150 g. Mit der Zeit bekommt man ein Gefühl dafür, wie viel man mit der gemischten Menge gießen kann. Und es ist immer möglich, zusätzliche Mengen Kunstharz zu mischen und aufzutragen, solange man innerhalb der Verarbeitungsphase ist. Sobald die Verarbeitungszeit (auch „Topfzeit“ genannt) überschritten ist, wird das Kunstharz so zäh, dass es sich nicht mehr gut gießen lässt.

Beim Abwiegen und Mischen passieren gerne Flüchtigkeitsfehler, die zu klebrigen und unschönen Stellen an der Oberfläche führen. Harz und Härter sind verschieden schwer und plumpsen mit unterschiedlicher Geschwindigkeit aus den Flaschen. Kippe die Kunstharz-Flaschen immer langsam. Wenn versehentlich mehr Härter im Mischbecher landet als geplant, wird mit dem Taschenrechner die passende Menge Harz ermittelt.

Abwiegen

Im Mischbeispiel werden insgesamt 30 g Kunstharz gemischt.

Mischbecher auf die Küchenwaage stellen und die Anzeige mit der Tara-Taste nullen.

Langsam und mit einem dünnen Strahl den Härter in den Mischbecher gießen, bis die Waage 10 g anzeigt. Den Mischbecher dann langsam mit Harz auffüllen, bis die Waage 30 g anzeigt.

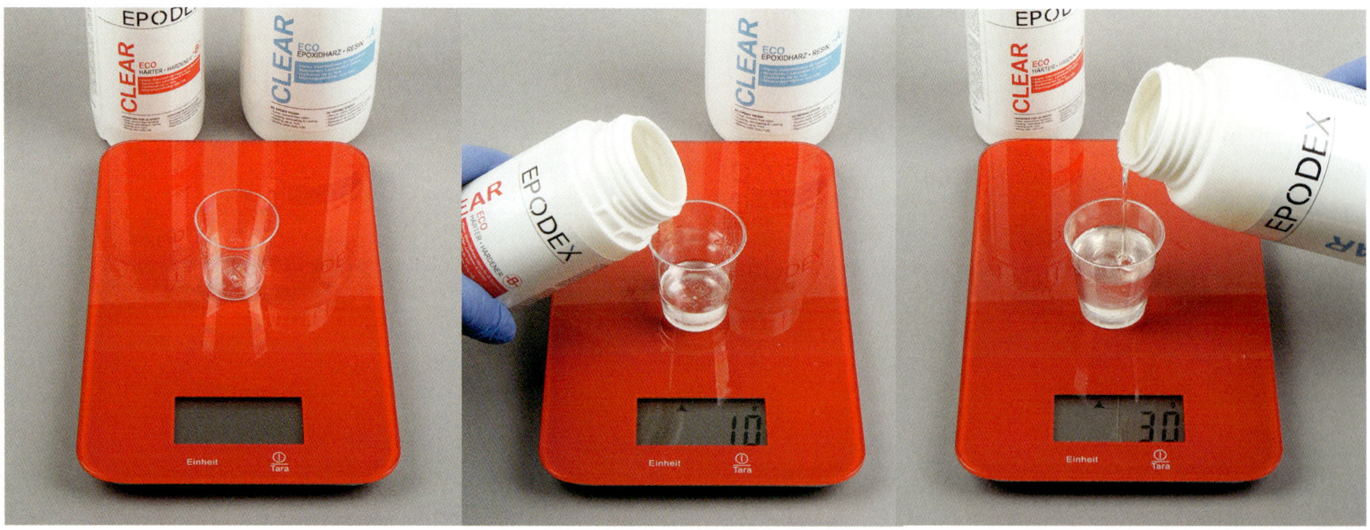

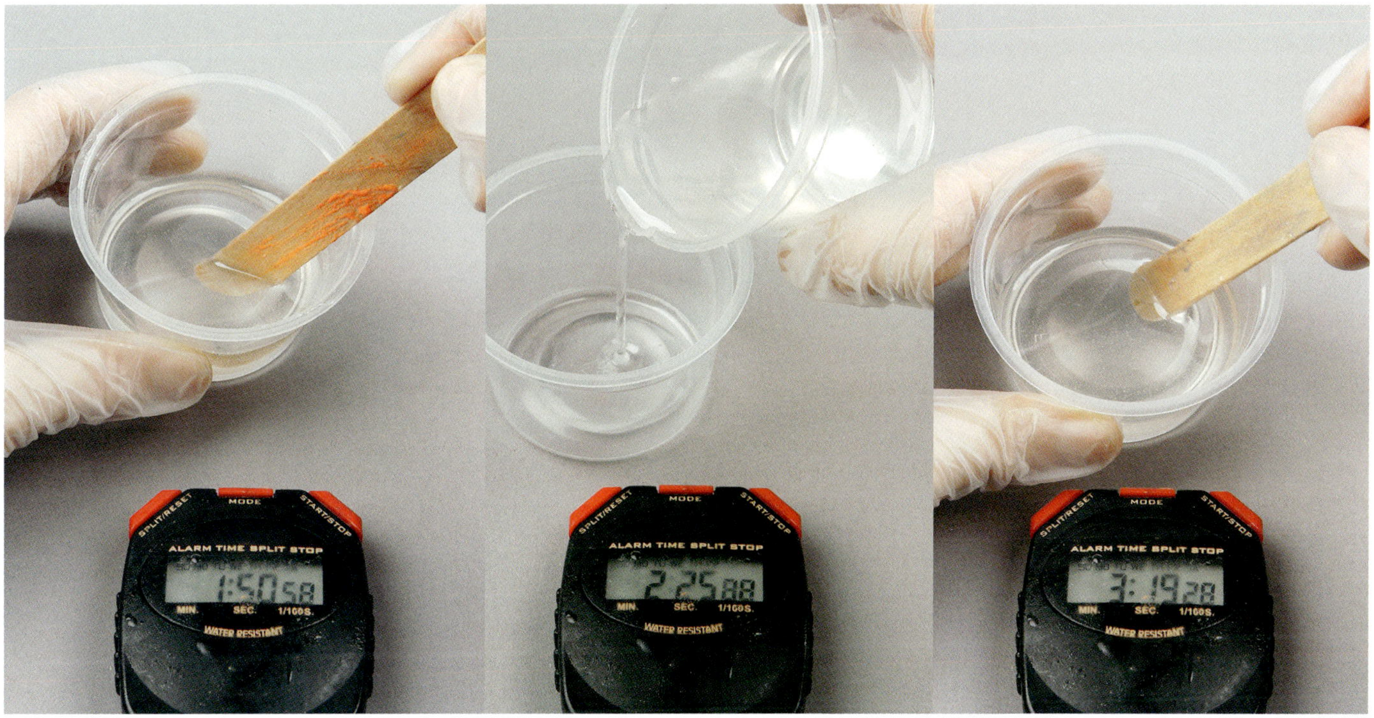

Mischen

Laut Hersteller soll so lange gemischt werden, „bis keine Schlieren mehr zu sehen sind“, aber diese Schlieren sind ganz schön schwer zu erkennen. Um auf Nummer sicher zu gehen, empfehle ich, die Mischzeit mit einer Stoppuhr zu messen. Ich habe für mich Standardzeiten definiert: Je nach Kunstharz-Produkt betragen diese „zwei plus eine Minute“ (hier für das Epoxidharz-System ECO) oder „drei plus zwei Minuten“ (hier für die Epoxidharz-Systeme PRO und PRO+).

„Zwei plus eine Minute“ heißt, dass die Mischung zuerst 2 Min. langsam gerührt wird. Dann wird sie in einen zweiten Mischbecher umgefüllt („umgetopft“) und erneut für 1 Minute langsam gerührt. Das Umtopfen dient dazu, die unterschiedlich schweren Komponenten gründlich miteinander zu mischen, sodass die chemische Reaktion einwandfrei ablaufen kann und die Oberfläche makellos wird.

Entlüften

Lasse die Mischung nach dem Mischen 5 Min. stehen. So steigen eingerührte Luftblasen von alleine auf. Die EPODEX-Harze entlüften sehr gut. Das Epoxidharz-System PRO ist zähfließend und benötigt etwas länger, bis sich aufsteigende Luftblasen verflüchtigt haben.

Sobald Kunstharz in eine Silikonform gefüllt ist, hilft gegen Luftblasen ein Stabfeuerzeug. Wenn die Flamme mit Abstand über die Harzoberfläche geführt wird, zerplatzen die Blasen im Nu.

Verarbeitungszeit

Lasse die Stoppuhr nach dem Mischen weiterlaufen und behalte sie im Blick. Kontrolliere auch die Raumtemperatur. So bekommst du ein Gefühl dafür, wie viel Zeit dir bleibt, bevor die Mischung anfängt, zäh zu werden (zu „gelieren“).

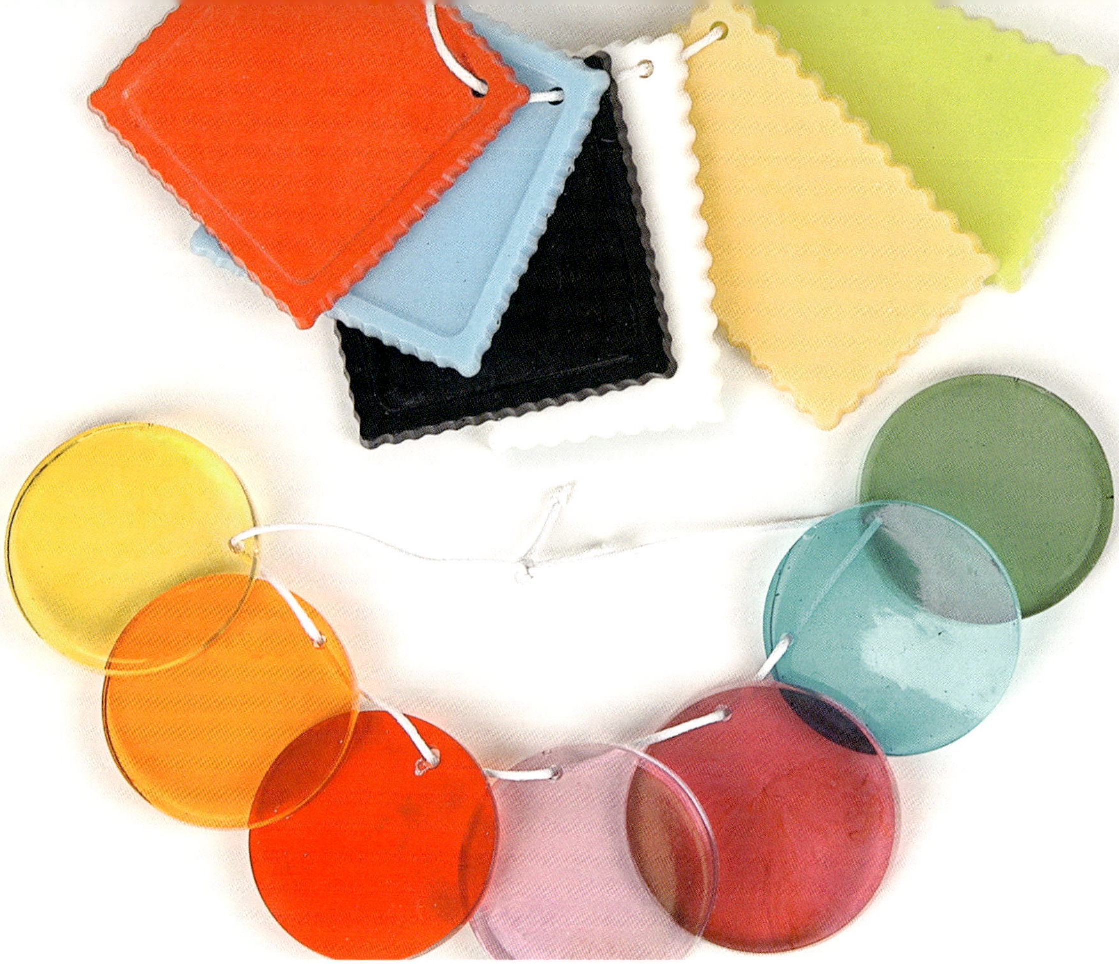

FARBGEBER

Auch wenn Kunstharz sich wegen seiner glasähnlichen Transparenz primär zur Anfertigung durchsichtiger Objekte anbietet, ist die kreative Arbeit mit gefärbtem Kunstharz ein großer Spaß. Das mutwillige Erzeugen von ausgefallenen Farbeffekten ist mir eine der liebsten Herausforderungen.

Es eignet sich eine Vielzahl von Produkten dazu, Kunstharz zu färben: lose Pigmente aus dem Künstlerbedarf, Metallic- und irisierende Pigmente aus dem Kosmetikbedarf, Acryl- oder Mineralfarben oder spezielle Harzfarben, die von den Herstellern passend aufs jeweilige Harzprodukt zugeschnitten sind. Jeder Farbgeber hat Stärken und Schwächen, die für bestimmte Effekte nützlich sind.

Um Kunstharz transparent zu färben, muss man ausgewiesene Harzfarbe benutzen, alle anderen Farbgeber erzeugen blickdichte Farben.

Die Farbpalette der Harzfarben verschiedener Hersteller fällt unterschiedlich aus. Beispielsweise ist Color'Resin eine alkoholbasierte Harzfarbe, sie lässt sich auf nasse Kunstharz-Oberflächen auftropfen und ergibt beim Härten anmutige Farbwolken, ohne extra eingemischt zu werden.

Wasser und Kunstharz vertragen sich nicht besonders gut, daher sollten Acrylfarben immer vorab auf Verträglichkeit und Wirkung getestet werden. Aber sie sind vergleichsweise günstig und ergeben spannende Farbergebnisse, die ich nicht missen möchte.

Auch wenn im Vorfeld der Einsatz von Farbe Übung erfordert: Alle Farbgeber lassen sich untereinander mischen, sodass die Palette der möglichen Farben und Effekte endlos ist.

FORMGEBER

Erst mithilfe einer Form wird aus flüssigem Kunstharz ein dreidimensionales Objekt. Formen aus Silikon sind unverzichtbar, weil Kunstharz sich nicht damit verbindet und dank hoher Elastizität auch komplexe Formen bequem ausgelöst werden können. Für den Anfang kann man sich mit Backformen aus Silikon behelfen. Da sie oft dünnwandig sind, gehen sie jedoch schnell kaputt, und für Schmuck sind die Formen meist zu großformatig.

Epoxidharz bildet die Oberfläche der Silikonform exakt ab. Gerade Back- oder Eiswürfelformen sind nicht zwangsläufig glänzend und erzeugen dann Gießlinge mit matten Oberflächen. Achte beim Kauf darauf, dass die Silikonform eine innen hochglänzende Oberfläche hat.

Back- und Eiswürfelformen aus Silikon

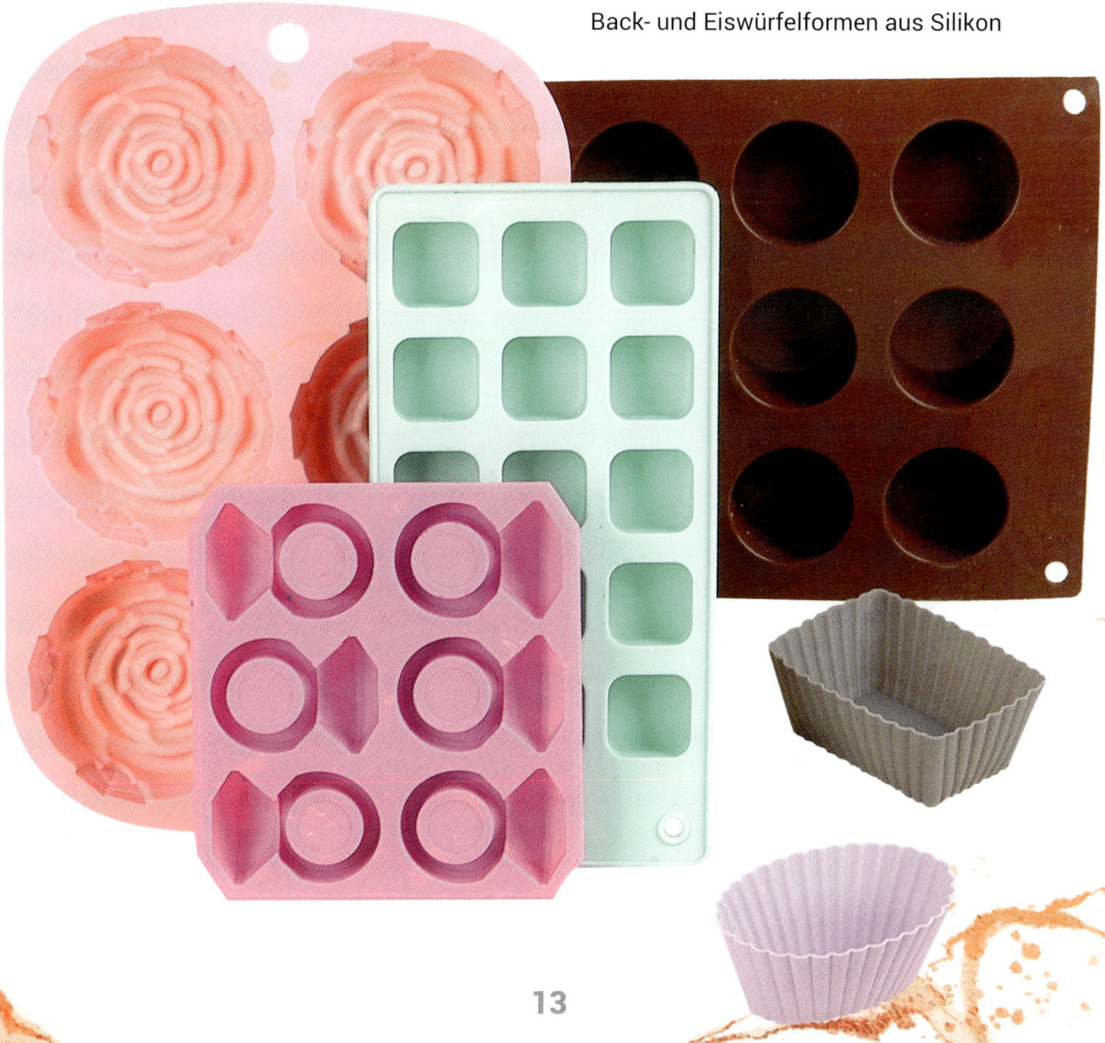

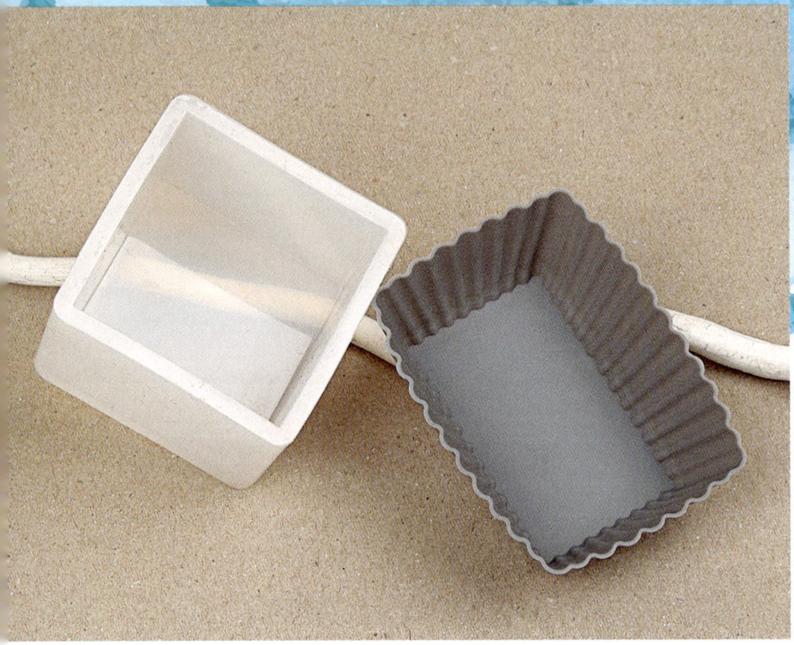

Silikonformen mit glänzender und matter Innenseite

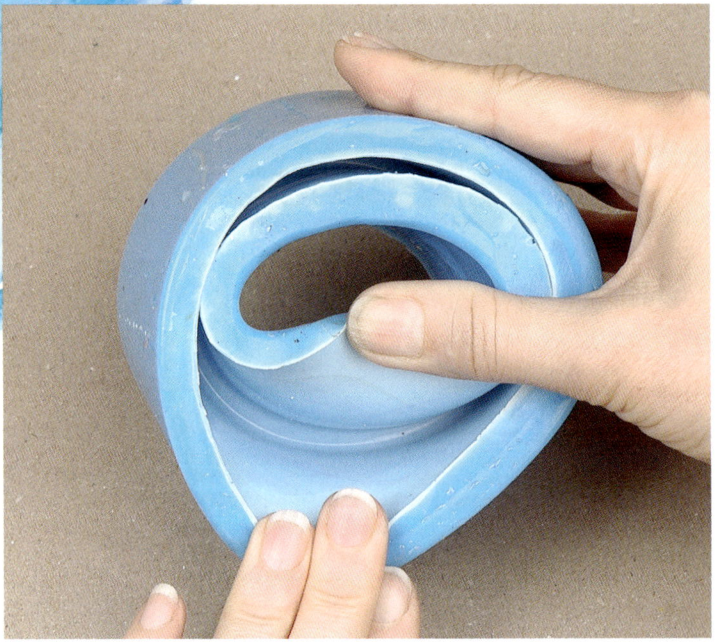

Diese Silikonform sollte nicht mehr benutzt werden

Spezielle Formen für Schmuck und Deko-Objekte mit glänzender Innenseite sind über Ebay, Amazon oder Etsy erhältlich (siehe Formen auf Bild Seite 15).

Leider sind Silikonformen nicht für die Ewigkeit geschaffen. Mit jeder Benutzung wird die Innenseite von den Substanzen im Epoxidharz angegriffen. Es dauert rund 10 bis 15 Abformungen, bis die Innenseite porös und damit die Oberfläche des Gießlings stumpf und matt wird. Das geht so weit, dass man den Gießling nicht mehr auslösen kann. Wenn die Innenseite milchig und der Rand porös wird, sollte die Form besser nicht mehr genutzt werden.

Silikonformen kann man einfach selber machen, damit lassen sich bestehende Schmuckstücke oder andere Vorlagen kopieren. Zusätzlich gibt es Methoden, auch ganz ohne Silikonformen zu arbeiten. Beispielsweise mit Hilfsmitteln wie Draht und Klebeband, wobei der Draht dann Teil des Schmuckstücks wird. Oder man nutzt bestehende Objekte, auf die oder in die man gießen kann. Auch das Konzept der „verlorenen Form“ ist eine Herangehensweise: präpariertes Material wird zu einer Form zusammengefügt, die beim Auslösen zerstört wird.

Alle genannten Beispiele werden in den nachfolgenden Tutorials behandelt.

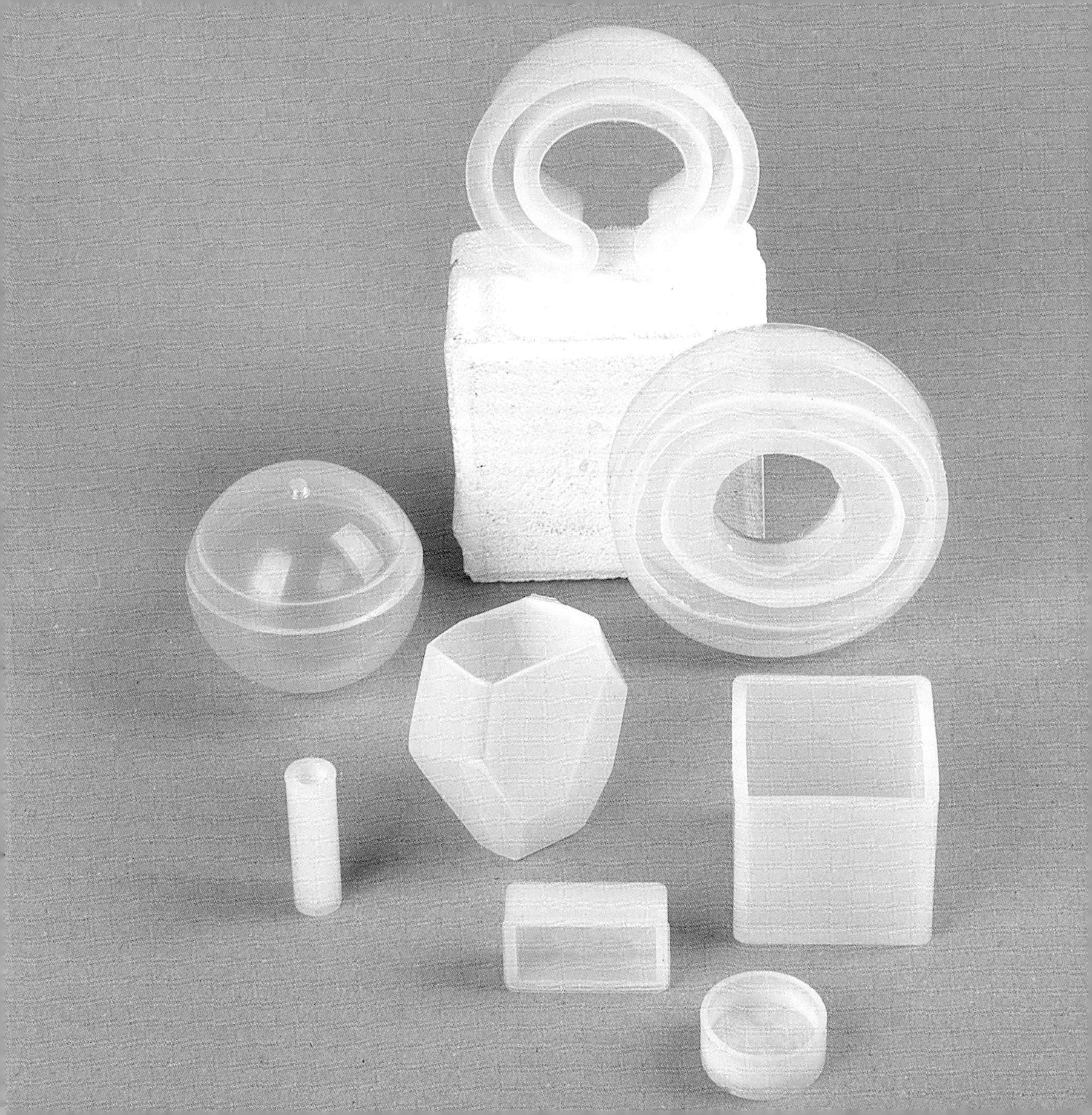

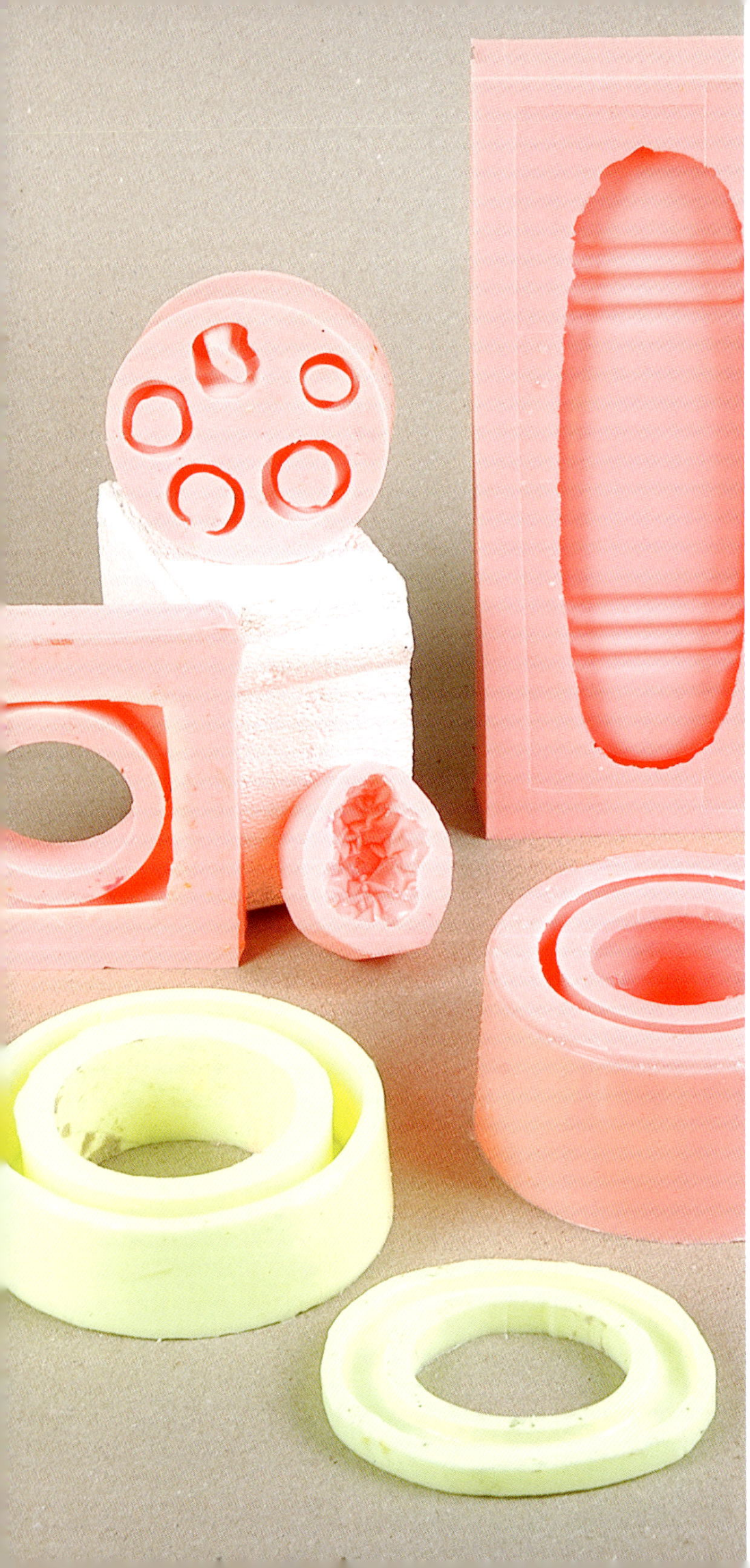

FORMENBAU MIT SILIKON

Eigene Silikonformen herzustellen ist vergleichsweise einfach. Da man ganz verschiedene Vorlagen kopieren kann, bieten selbst gemachte Silikonformen eine größere Formenvielfalt und erzeugen Kunstharz-Gießlinge, wie sie sonst nirgendwo zu finden sind (Bild links: selbst hergestellte Silikonformen). Das Mischen und Gießen ist ähnlich wie beim Kunstharz und wird hier vorab erläutert.

Für die Herstellung der verschiedenen Silikonformen ab Seite 66 wird weiches und mittelhartes Silikon verwendet. Mein herzlicher Dank geht an den niederländischen Anbieter Silicones and more für die großzügige Unterstützung, ohne die das Buch nicht möglich gewesen wäre.

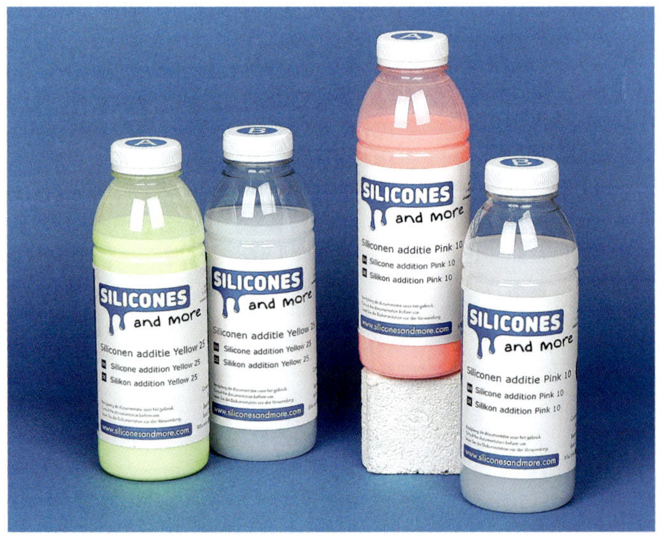

SILICONES and more

Silikon Addition Pink 10
Das dünnflüssige Silikon ergibt weiche und nachgiebige Formen und ist ideal für Vorlagen mit gewölbten und gekerbten Oberflächen.

Verarbeitungszeit 45 Min., Aushärtezeit 4 Std.

Silikon Addition Yellow 25
Das dünnflüssige Silikon ergibt mittelweiche Formen mit hoher Stabilität und ist ideal für einfach geformte Vorlagen mit senkrechten Seitenflächen.

Verarbeitungszeit 60 Min., Aushärtezeit 6 Std.

Das Mischverhältnis für beide Produkte ist 1:1. Die Angaben beziehen sich auf eine Umgebungstemperatur von 20 °C. Wenn dein Arbeitsbereich wärmer oder kälter ist, verkürzen oder verlängern sich die Verarbeitungs- und Aushärtezeiten.

Beide Komponenten werden auf der Küchenwaage abgewogen, ähnlich wie bei Kunstharz.

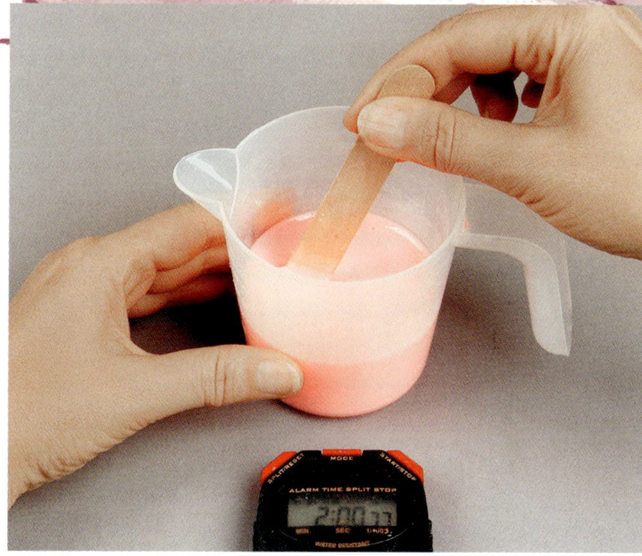

Die Mischzeit beträgt 2 Min. ohne Umtopfen. Um Luftblasen zu vermeiden, wird langsam und mit einer S-förmigen Bewegung gemischt. Danach sollte die Mischung 5 Min. entlüften und ist dann sofort einsatzbereit.

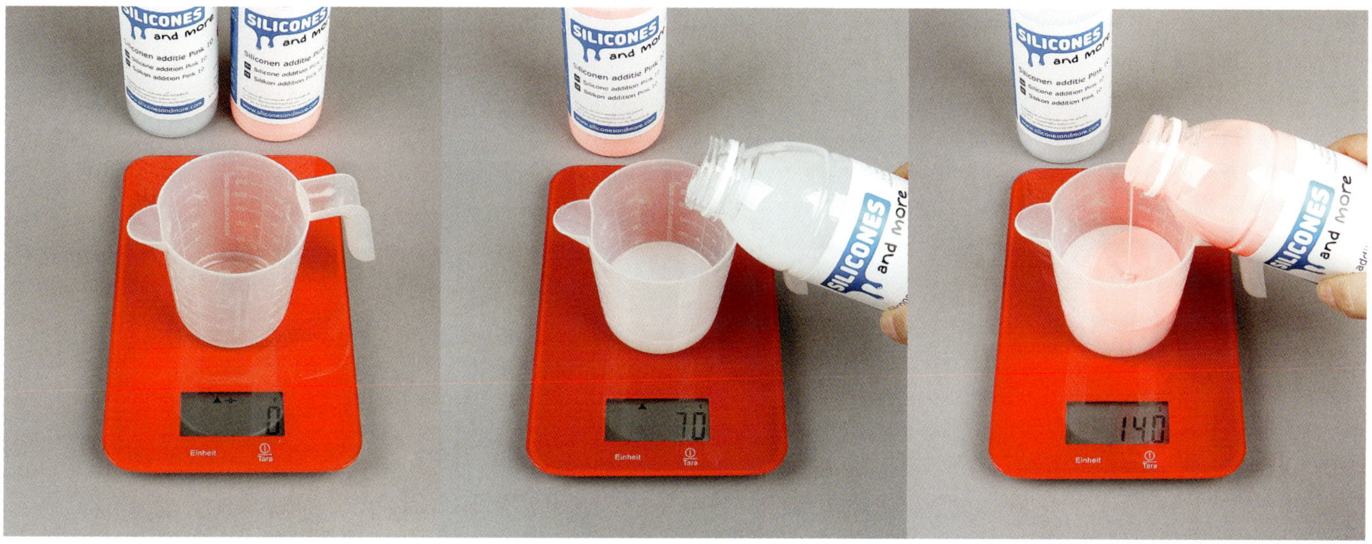

Grundtechniken

BLÜTEN-ANHÄNGER

Für alle, die das erste Mal mit Kunstharz hantieren, ist das Projekt eine ideale Einsteigerübung. Mit nur einer Schicht wird ein dünner, transparenter Anhänger mit eingebetteten Blüten realisiert. Die Anhänger-Öse wird nicht nachträglich befestigt, sondern mit der einen Kunstharz-Schicht „angeklebt". Als Formgeber dient eine runde Muffin-Backform.

Material:
Epoxidharz-System ECO
Getrocknete, gepresste Blüten
Muffin-Backform
Metallröhrchen mit 4 bis 5 mm Durchmesser
Edelstahl-Collier mit Verschluss
Pinzette, Cutter

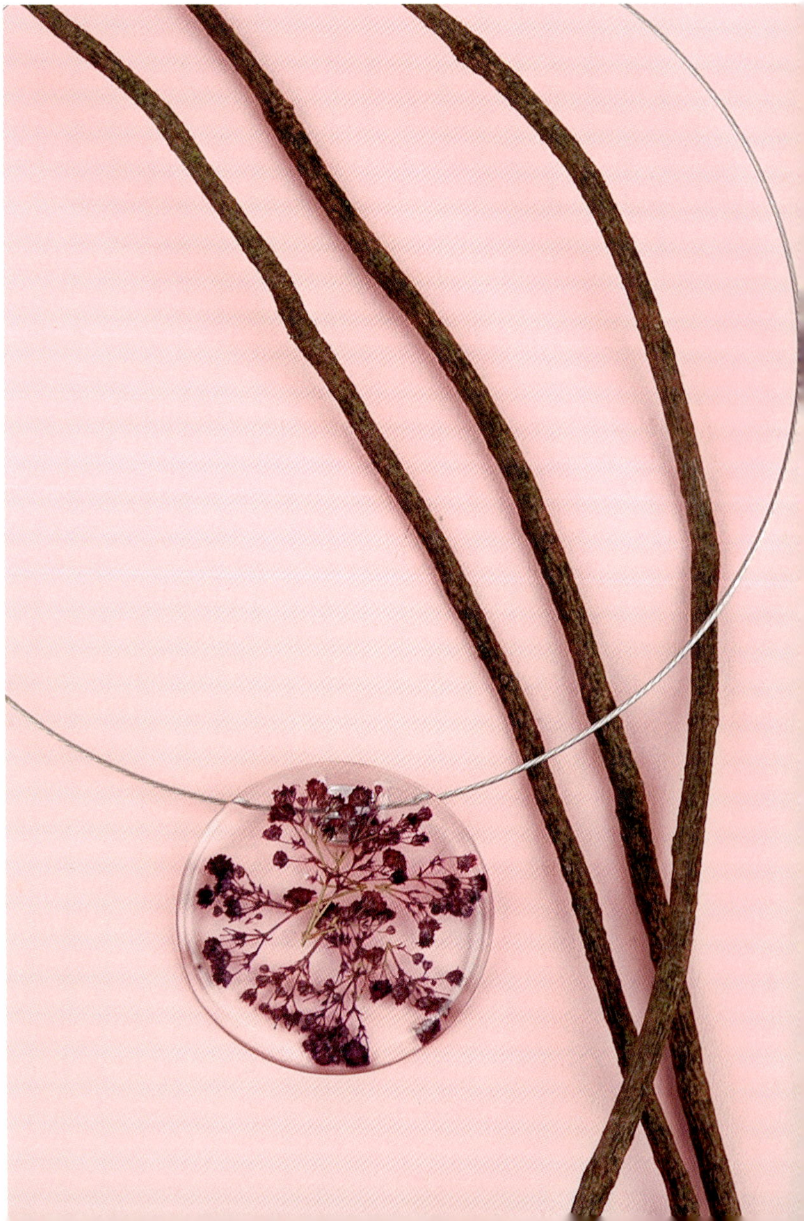

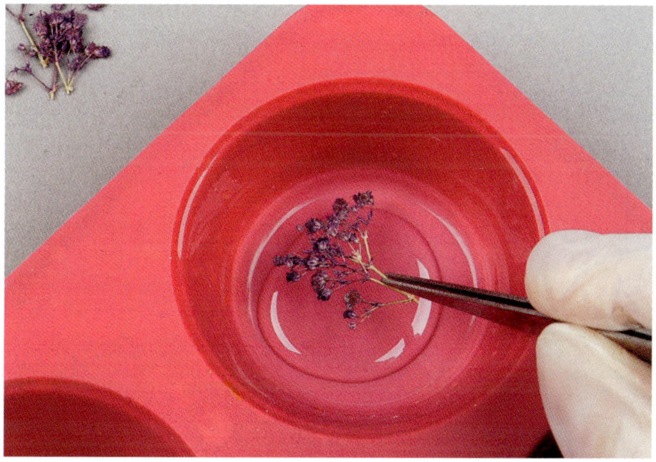

1. Wenig Kunstharz mischen. Ein paar Tropfen in die Muffinform tropfen, sodass der Boden bedeckt ist. Mit der Pinzette die Blüten auf der Oberfläche platzieren. Mehr Kunstharz auf die Blüten gießen, bis eine Schichthöhe von insgesamt 4 mm erreicht ist.

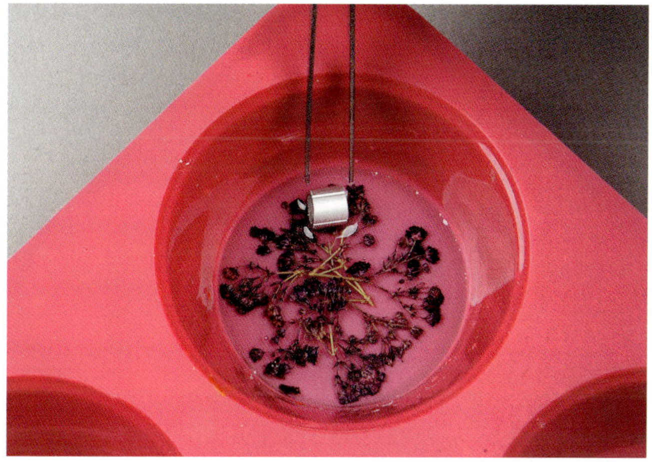

2. Das Metallröhrchen wird mit der Pinzette auf eine Stelle mit Blüten gelegt, es soll ein wenig einsinken. Die Blüten treiben im Harz „nach oben", daher wird das Röhrchen von den Blüten an der Oberfläche gehalten. Härten lassen.

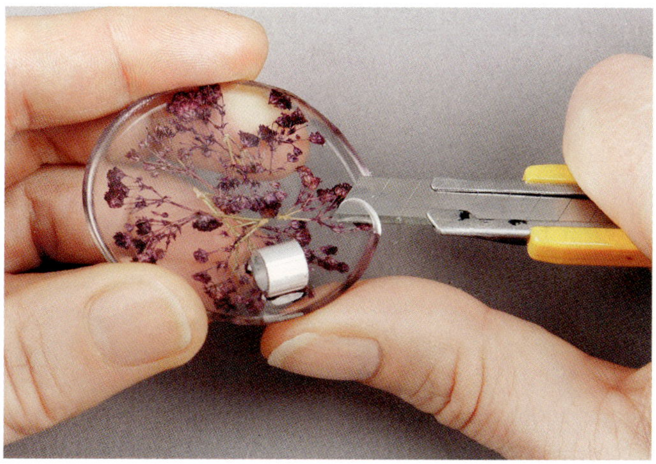

3. Den Anhänger aus der Silikonform lösen. Den scharfkantigen Rand auf der Rückseite mit dem Cutter begradigen.

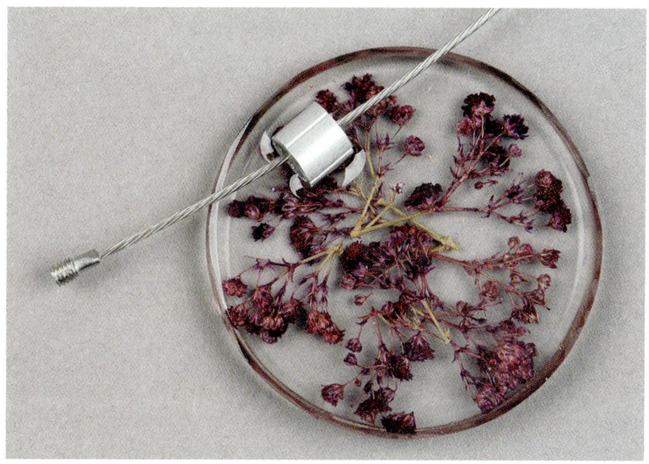

4. Collier durch das Röhrchen fädeln – fertig!

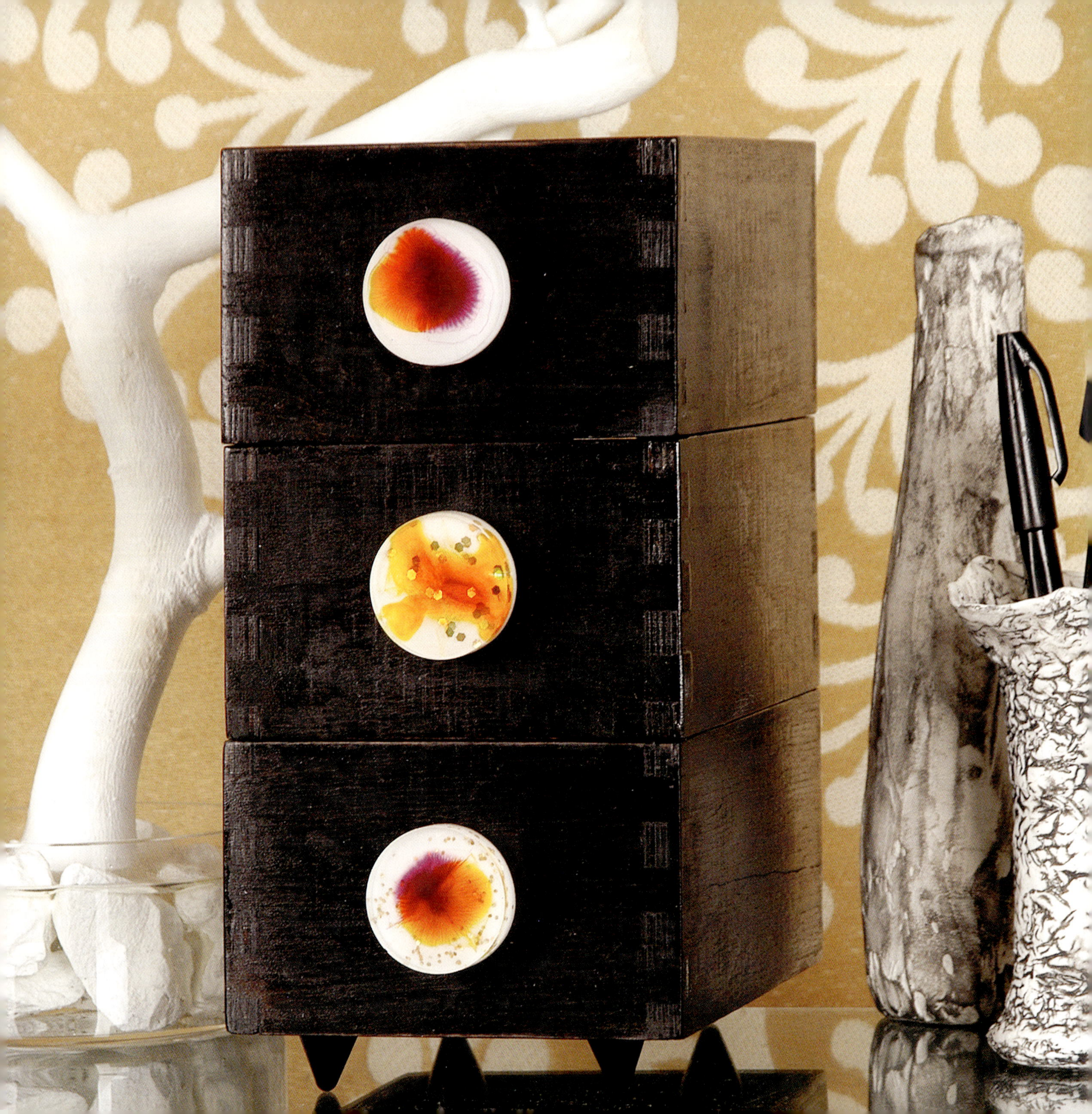

FARBKLECKS-MÖBELGRIFFE

Kunstharz ist ideal für die Herstellung ausgefallener Möbelgriffe. Hier ist das wolkige Farbmuster unter einer transparenten Kuppe der Hingucker. Es werden drei Schichten Kunstharz gegossen, sodass die zur Befestigung eingebettete Gewindehülse unsichtbar bleibt. Als Formgeber dient eine Muffin-Backform, die nur zur Hälfte gefüllt wird, damit der Griff ein schönes Format erhält.

Material:

Epoxidharz-System ECO
Muffin-Backform
Color'Resin Gelb und Lila, Acrylfarbe Weiß
M4 Gewindehülsen (auch „Einpressbuchse" genannt) mit passender Schraube
Holzstäbchen, Bleistift
Doppelklebeband, Metallfeile, Pinzette

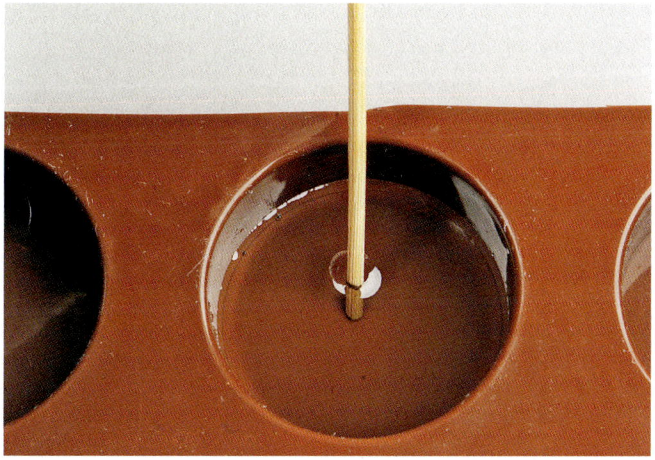

1. Kunstharz mischen. Für die erste Schicht werden pro Griff 10 g benötigt. Damit die Schicht mit 8 mm bei allen Griffen gleich hoch gegossen wird, nutzt man ein vorab gekennzeichnetes Holzstäbchen als Messhilfe.

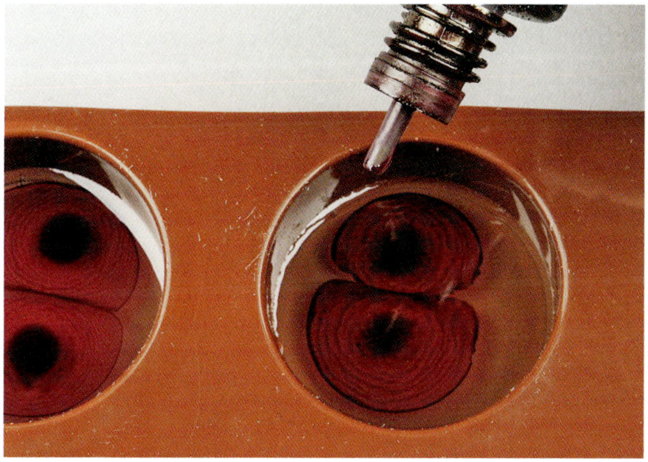

2. Auf die Oberfläche werden je ein, zwei Tropfen Color' Resin getropft. Wer die Muster stärker variieren möchte, verzieht die Farbschicht zusätzlich mit einem Holzstäbchen. Härten lassen.

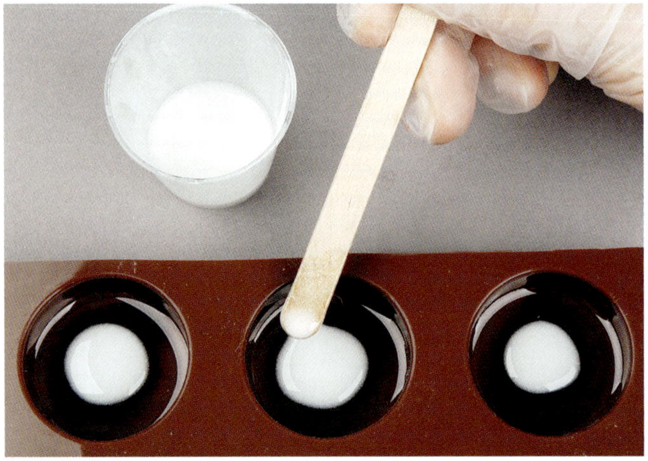

3. Damit die Farbwolke gut und die Gewindehülse nicht sichtbar ist, wird im nächsten Arbeitsschritt Kunstharz blickdicht weiß gefärbt und mittig aufgetragen. Ein Klecks genügt, er wird etwas verlaufen, was nicht tragisch ist. Härten lassen.

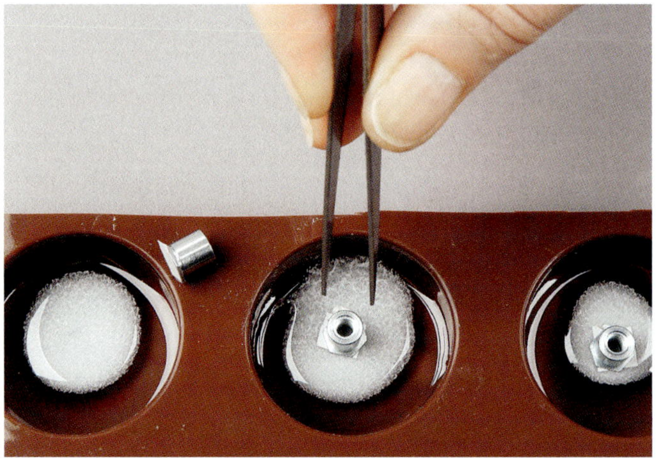

4. Jede Gewindehülse wird von unten mit einem kleinen Schnipsel Doppelklebeband versiegelt. Das verhindert, dass Kunstharz in das Gewinde läuft und es unbrauchbar macht. Mit der klebrigen Unterseite werden die Gewindehülsen in den Formen mittig platziert.

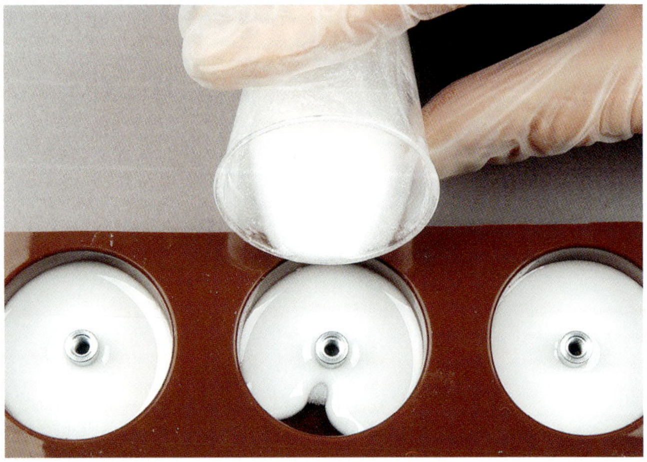

5. Kunstharz mischen und blickdicht weiß färben. Nur so viel Harz aufgießen, dass die Gewindehülse noch zur Hälfte aus dem Kunstharz heraussteht. Durch diesen Abstand lässt sich der Griff besser greifen. Härten lassen.

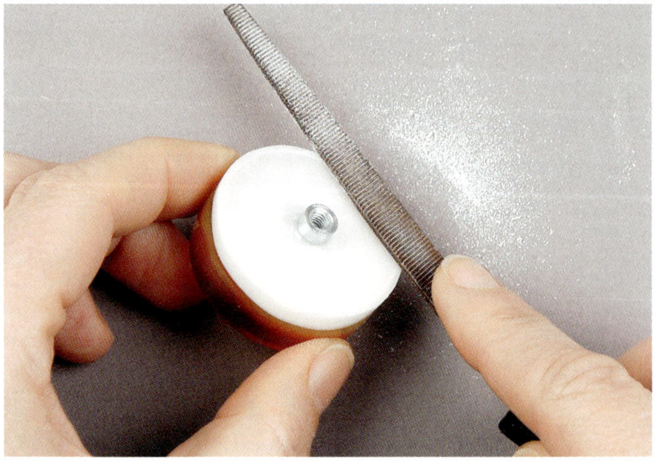

6. Den fertigen Möbelgriff von unten aus der Silikonform ausstülpen. Der scharfkantige Rand auf der Rückseite des Griffs wird mit der Metallfeile geglättet.

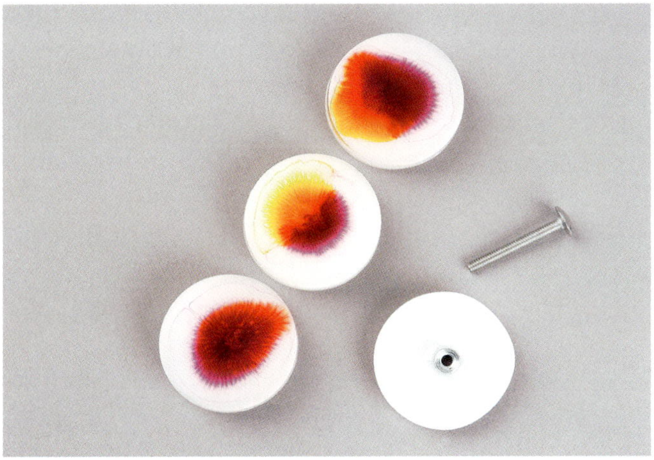

7. Mit den passenden M4 Schrauben mit 30 mm Länge machen die Griffe jedes Möbelstück zu einem Hingucker.

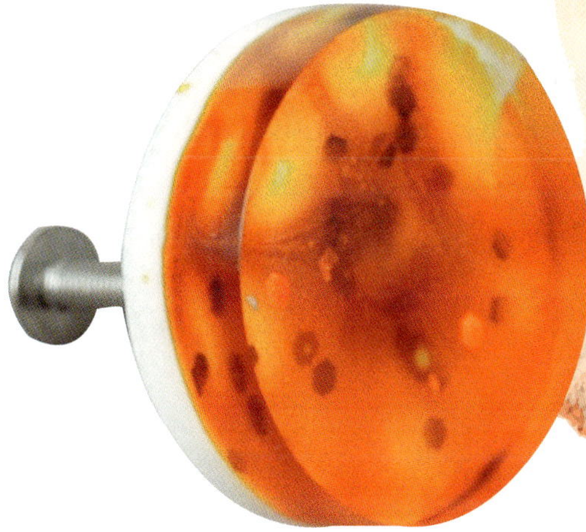

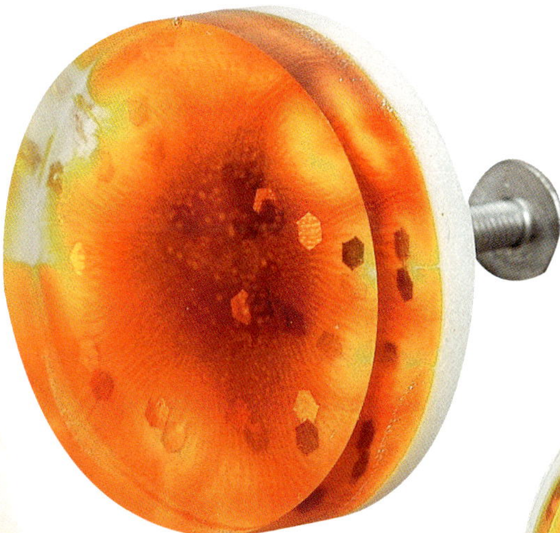

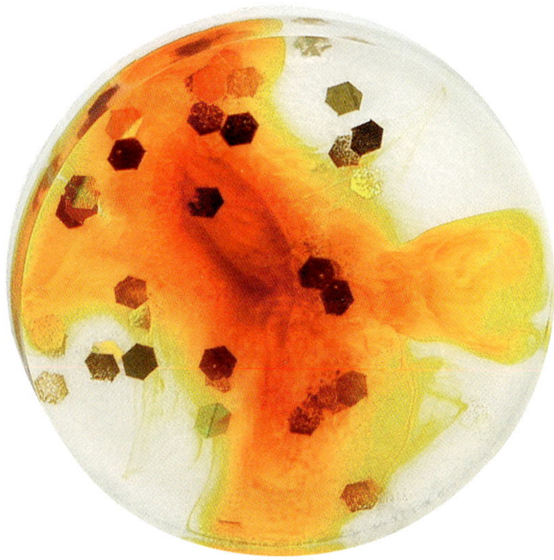

TIPP
Wird Glitter aufgestreut, bevor die zweite Schicht aufgebracht wird, erhält man einen tollen Effekt. So fällt jeder Griff anders aus.

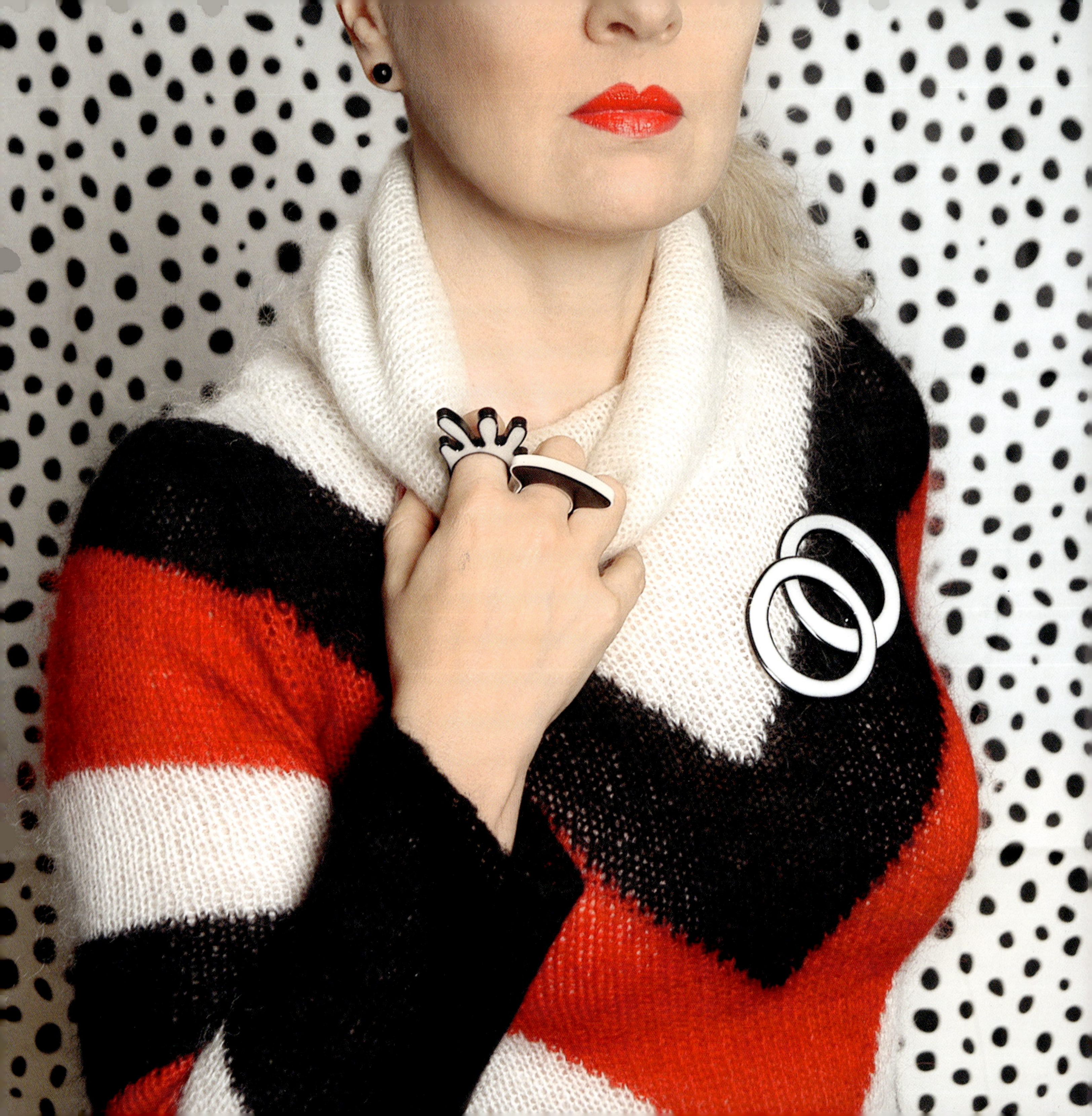

DRAHT-BROSCHE

Draht und Klebeband als Formgeber für Kunstharz ist eine unschlagbar kreative Herangehensweise und wird in den nachfolgenden Kapiteln immer wieder aufgegriffen. Es lässt sich eine Vielzahl an individuellen Ideen in verschiedenen Größen realisieren. Der formgebende Aluminiumdraht wird dabei Teil des Schmuckstücks. Der Harzauftrag besteht aus dünnen Schichten. Das Überziehen gehärteter Oberflächen mit einer zusätzlichen, dünnen Harzschicht wird „Laminieren" genannt und bei dieser Umsetzung wiederholt angewendet. Die Schichten sollten immer vollständig aushärten. Insbesondere die Deckschicht, um Fingerabdrücke zu vermeiden.

Material:
Epoxidharz-System ECO
Aluminiumdraht rund, 2 mm, schwarz
Tesa Perfect Gewebeband, 38 mm breit
Acrylfarbe Weiß
4 Broschen-Pins
Seitenschneider, Bastelzange, Metallfeile

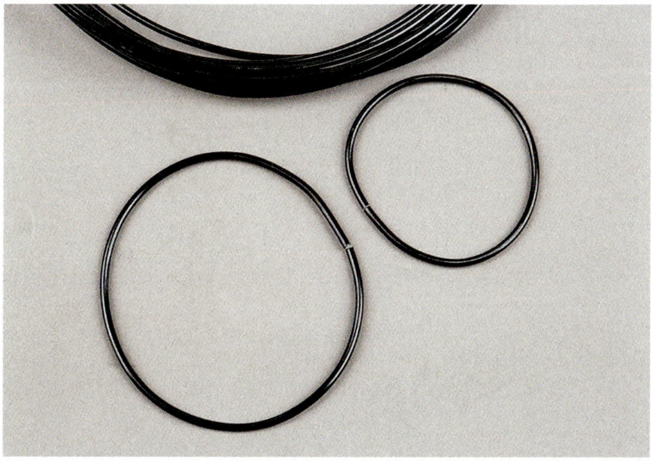

1. Vom Aluminiumdraht werden je zwei Stück mit 15 und 20 cm Länge abgeknipst. Die Drahtenden werden mit der Metallfeile plan gefeilt. Von Hand werden die Drahtstücke zu Ringen gebogen. Die Drahtenden sitzen dabei möglichst genau aufeinander.

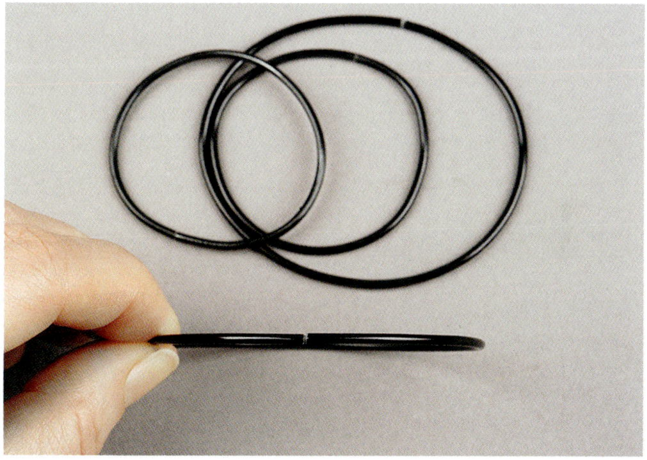

2. Die Drahtringe sollen von der Seite betrachtet möglichst waagrecht sein.

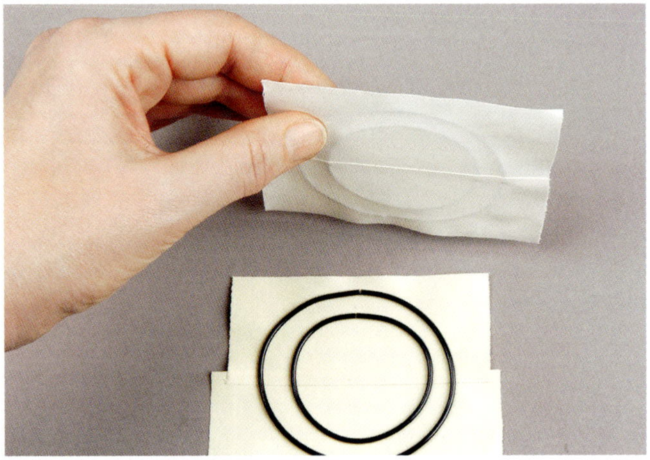

3. Streifen vom Klebeband werden leicht überlappend aufeinandergeklebt, sodass eine Fläche entsteht, auf die der große Drahtring passt. Platziere einen großen und darin einen kleinen Drahtring auf der klebrigen Seite des Tapes. Von beiden Seiten werden die Drahtformen fest angedrückt, sodass man sie von der Rückseite des Klebebands erkennen kann.

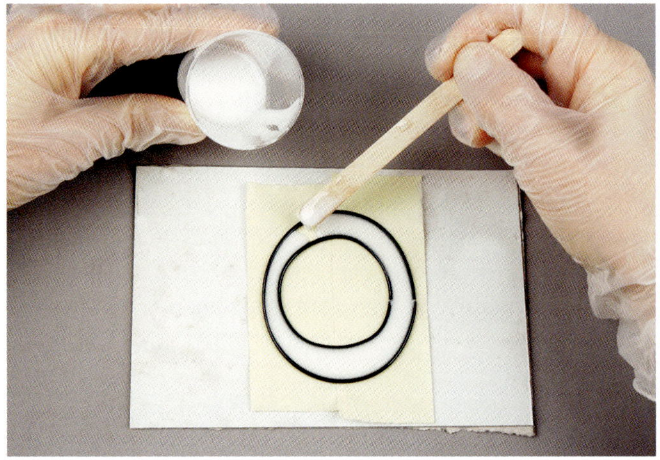

4. Nun wird wenig Kunstharz gemischt und blickdicht weiß gefärbt. Mit einem dünnen Holzstäbchen wird die Fläche zwischen den beiden Drahtformen tropfenweise mit Harz gefüllt, bis es leicht übersteht. Auslaufendes Kunstharz nicht abtupfen, es wird später entfernt. Härten lassen.

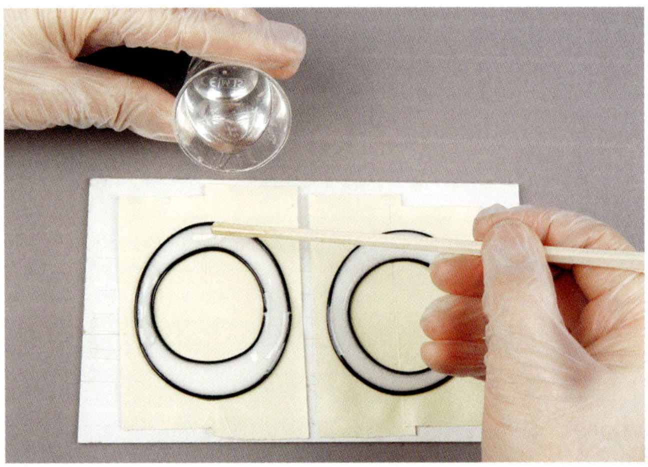

5. Da Kunstharz beim Trocknen einsinkt, wird eine zweite, dünne Schicht transparentes Harz aufgetragen. Wenig Kunstharz mischen und 20 Min. ruhen lassen, bis es zähflüssig ist. Mit einem Holzstäbchen mittig auftragen und bis an den Rand verstreichen. Das Laminieren bildet eine leicht gewölbte und später hochglänzende „Kuppe". Härten lassen.

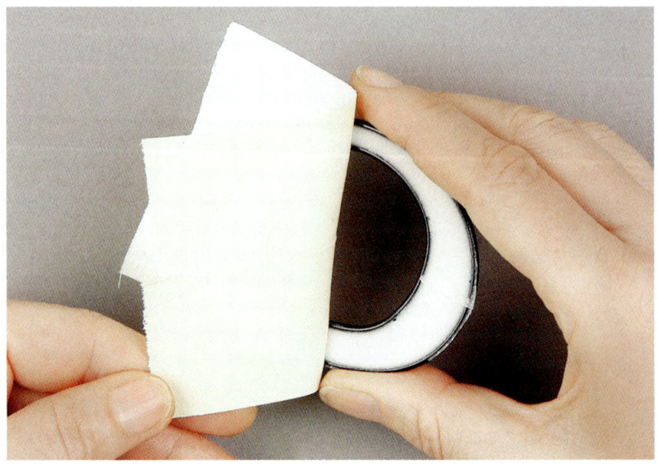

6. Nun wird das Tape abgezogen.

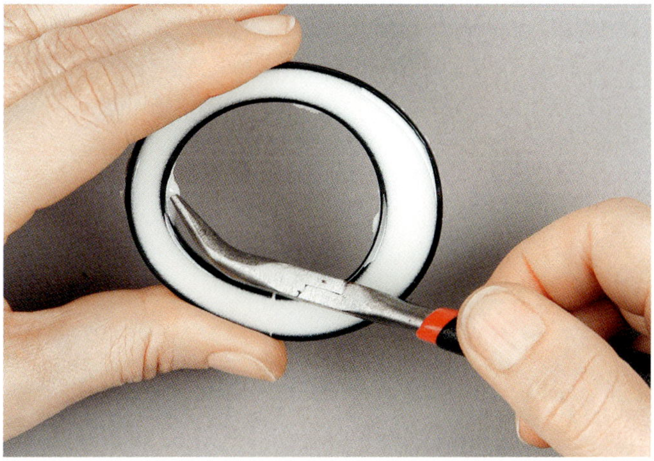

7. Ausgelaufenes Kunstharz wird vorsichtig – um den Draht nicht zu verkratzen – mit der Zange gepackt und abgebrochen.

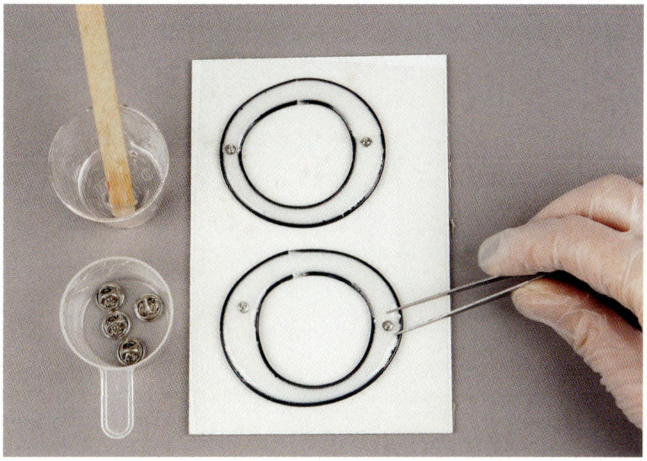

8. Zum Abschluss wird die matte Rückseite laminiert. Verfahre so, wie für die Vorderseite beschrieben. Die Pins zur Befestigung werden auf die klebrige Harzoberfläche aufgesetzt und beim Härten fixiert. Härten lassen.

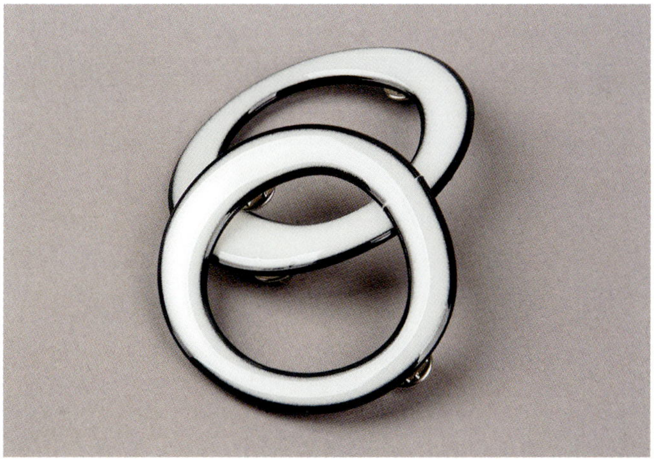

Die zwei Drahtringe werden einzeln oder überlappend getragen und verschönern jedes Outfit.

TIPP

Aluminiumdraht gibt es in verschiedenen Konfektionierungen. Mit Flachdraht in 5 mm Breite lassen sich mit der gleichen Technik ausgefallene Statement-Ringe anfertigen. Um den Innenring zu biegen, wird ein Rundholz benutzt, für enge Kurven wird der Draht um dünne Pinselstiele gebogen.

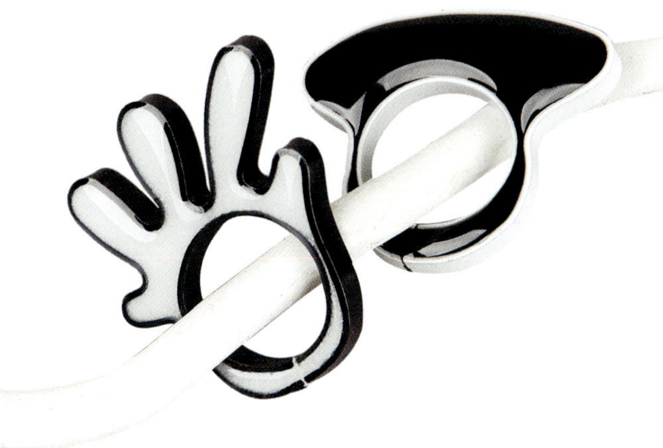

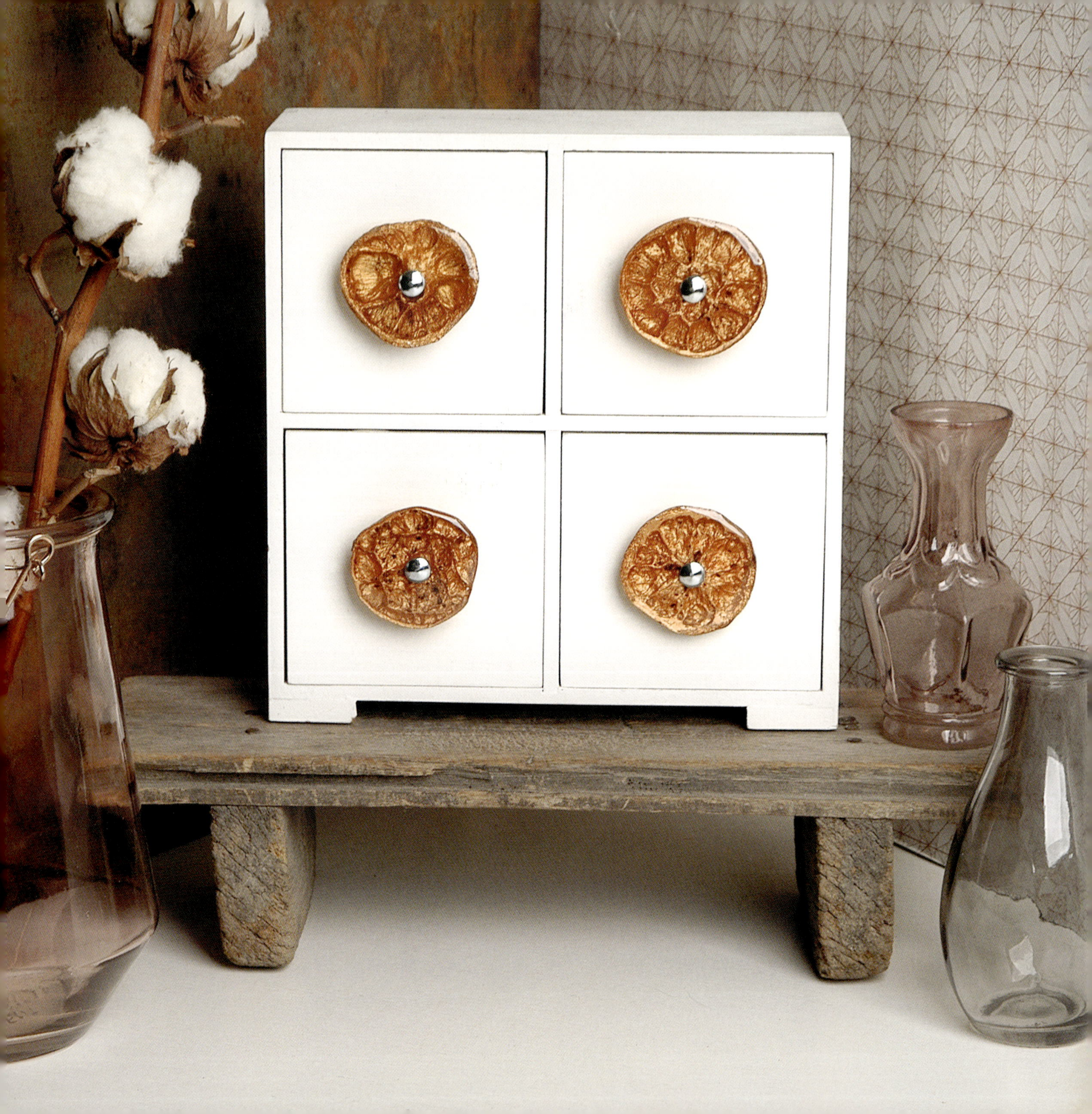

ORANGEN-MÖBELGRIFFE

Die Natur bringt wunderschöne Formen und Strukturen hervor. Mit einem simplen Überzug aus transparentem Kunstharz kann man diese Fundstücke robust und haltbar machen. Dass man dabei Dingen, die sonst im Abfall landen, eine neue Bedeutung geben kann, gefällt mir bei dieser Methode besonders. Nachfolgend entstehen zauberhafte Möbelgriffe aus den Schalenabschnitten, die beim Schälen einer Orange anfallen. Die Schalen werden vorab vier Wochen an der Luft getrocknet, bis keine Feuchtigkeit mehr enthalten ist. Eine Trennschicht aus Acrylfarbe ist notwendig, damit das Harz langfristig auf der Schale haftet.

Material:
Epoxidharz-System ECO
Abschnitte von Orangenschalen, getrocknet
Metallfeile
Künstler-Acrylfarbe Kupfermetallic, Pinsel
Kunststoff- oder Silikonbecher
Holzstäbchen
Minibohrer mit 2,5 mm Stahlbohrspitze
M4 Linsenkopfschrauben, 30 mm Länge,
mit passenden Muttern und Unterlegscheiben
Overheadfolie als Schutzunterlage

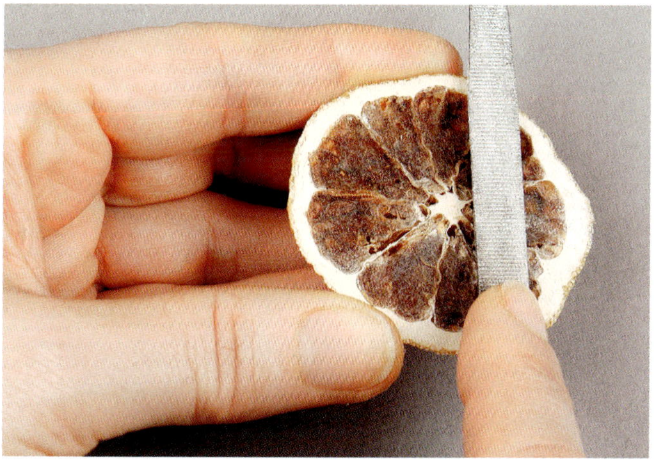

1. Es werden trockene Schalenabschnitte benötigt, die einen geraden Rand haben. Falls die Ränder wellig sind, diese mit der Metallfeile begradigen.

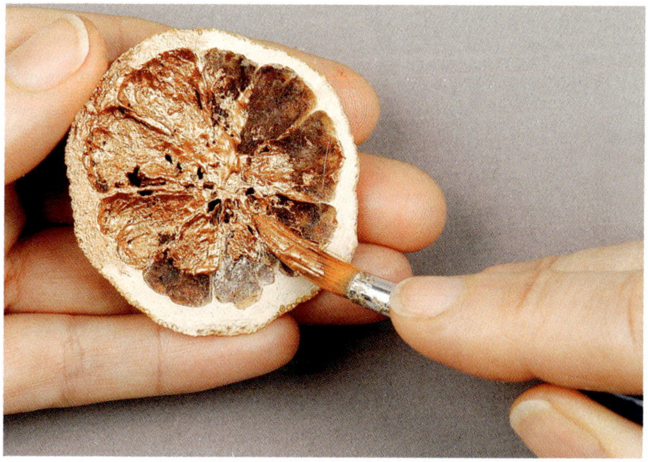

2. Mit Metallicfarbe werden die Schalenstücke vorder- und rückseitig kupferfarben bemalt. Trocknen lassen.

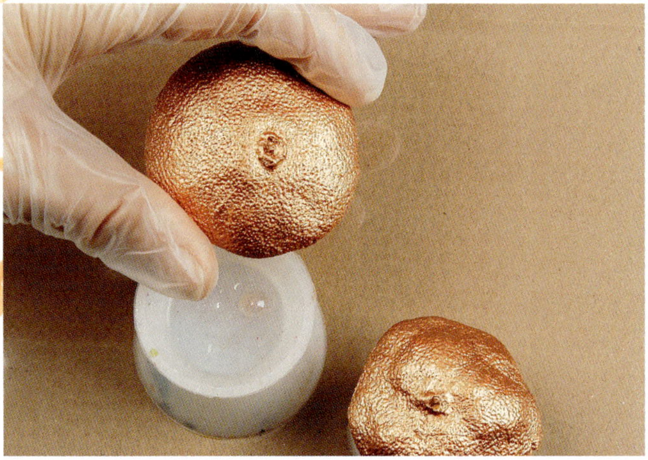

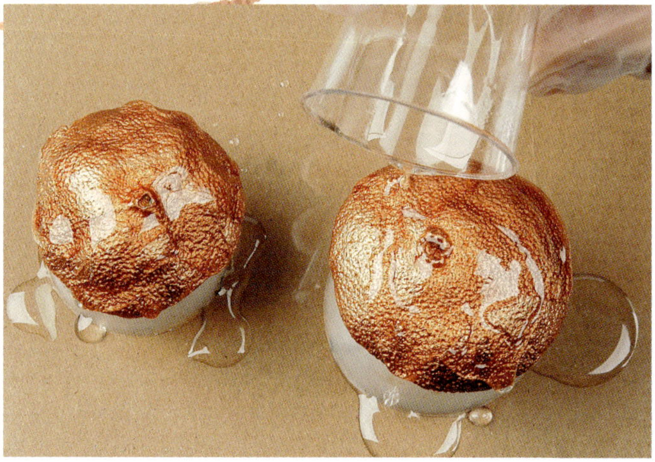

3. Es wird zuerst die Rückseite der Schalenstücke mit Kunstharz behandelt. Eine Overheadfolie als Ablaufschutz unterlegen. Die Schalenstücke mit der Wölbung nach oben auf kleine Kunststoff- oder Silikonbecher legen.

4. Kunstharz mischen und 20 Min. ruhen lassen. Mit einem dünnen Strahl langsam über die Schalenstücke gießen, sodass das Kunstharz ringsum abtropft. Mit dem Holzstäbchen werden noch matte Stellen benetzt. Falls sich beim Trocknen Nasen am unteren Rand bilden, werden diese mit einem Holzstäbchen abgestreift. Härten lassen.

5. Die Schalenstücke werden gedreht und mit der Vorderseite nach oben möglichst waagrecht in den Bechern ausgerichtet. Kunstharz mischen und 20 Min. ruhen lassen, bis es zähflüssig ist. Kunstharz auf die Schalen-Innenseite gießen, bis es leicht übersteht. Darauf achten, ob sich das Kunstharz gleichmäßig verteilt, und die Position des Schalenstücks bei Bedarf korrigieren. Härten lassen. Falls das Kunstharz beim Trocknen einsinkt, kann eventuell eine dritte Schicht nötig sein.

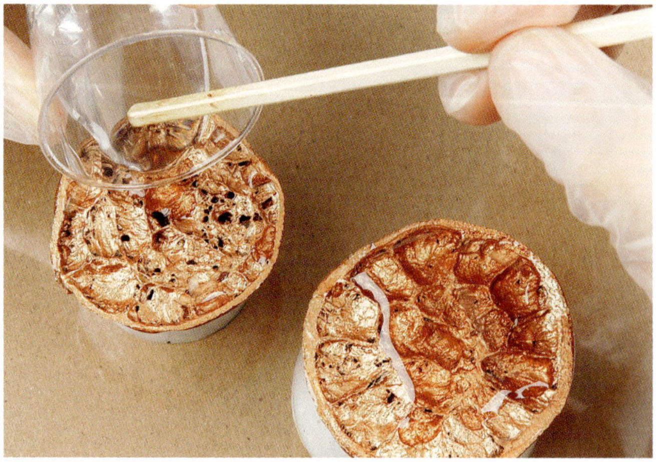

6. Der kompakt gewordene Griff wird mit dem Minibohrer mittig durchgebohrt und das Loch passend zum Durchmesser der Schraube vergrößert. Die Schraube wird von vorne durchgesteckt. Für eine wackelfreie Position des Griffs hilft eine zusätzliche Unterlegscheibe. Um den Griff zu befestigen, wird die Schraube von der Innenseite des Möbelstücks mit einer Mutter arretiert.

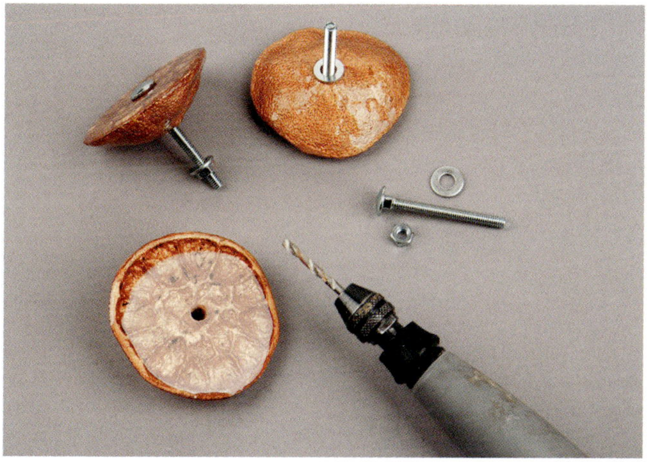

Fertig ist eine Kollektion ausgefallener Möbelgriffe.

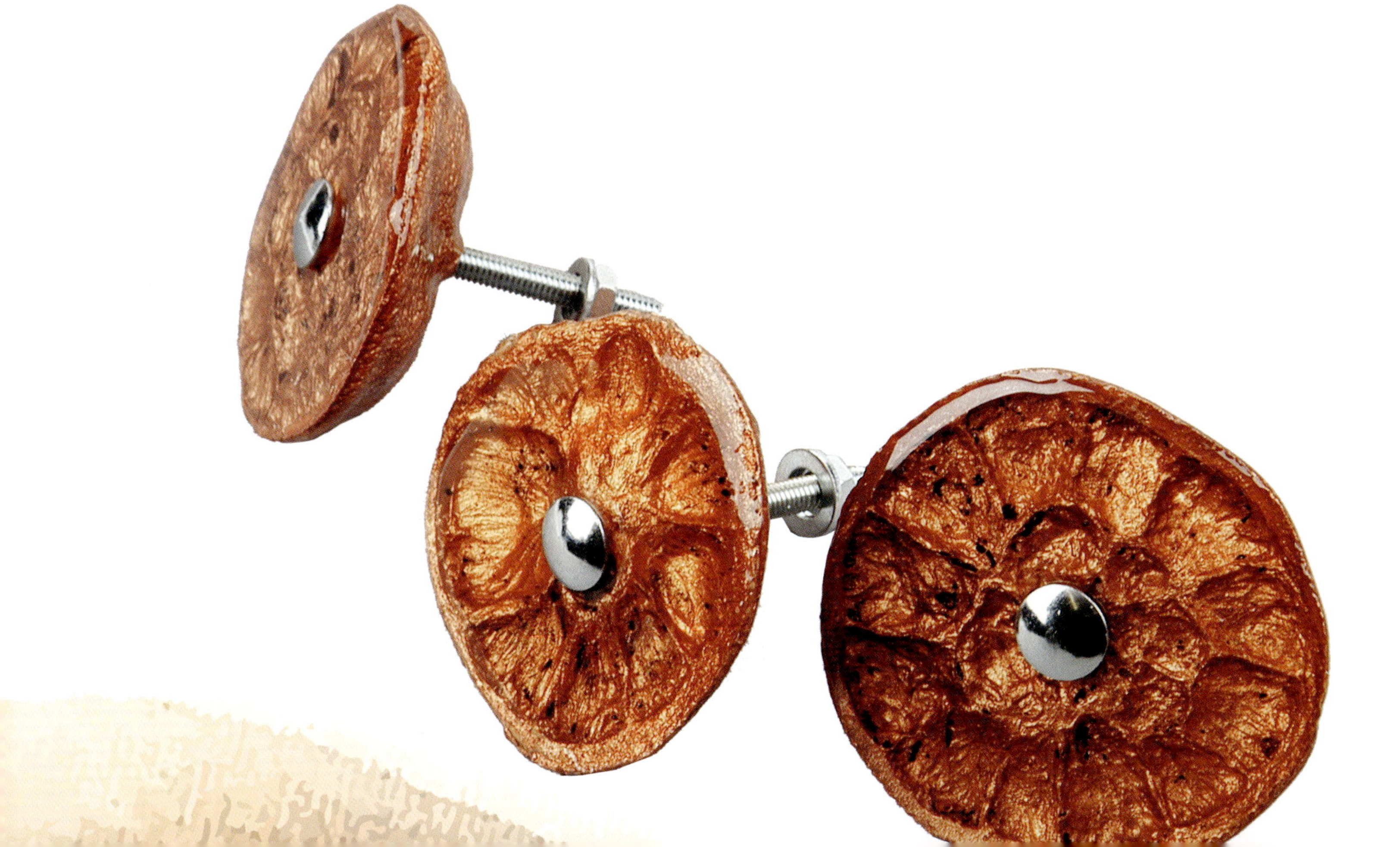

KIESELSTEIN-UNTERSETZER

Dieser dekorative Untersetzer wird mit einer CD-ROM als Formgeber, Doppelklebeband und zwei Schichten Kunstharz umgesetzt. Doppelklebeband bildet glatte Oberflächen und ist sehr stabil, daher ist es ein idealer Helfer für experimentelle Kunstharz-Umsetzungen.

Die erst Schicht wird gefärbt, um die CD-Oberfläche unkenntlich zu machen. Die Kiesel werden aufgelegt und erhalten eine transparente Deckschicht, die sie zusätzlich auf der Grundschicht fixiert.

Material:
Epoxidharz-System ECO
CD-ROM, Doppelklebeband
Holzstäbchen
30 kleine, flache Kieselsteine, gereinigt
Acrylfarbe Weiß, Pigment Rot
Cutter
Universalverdünnung, Tuch

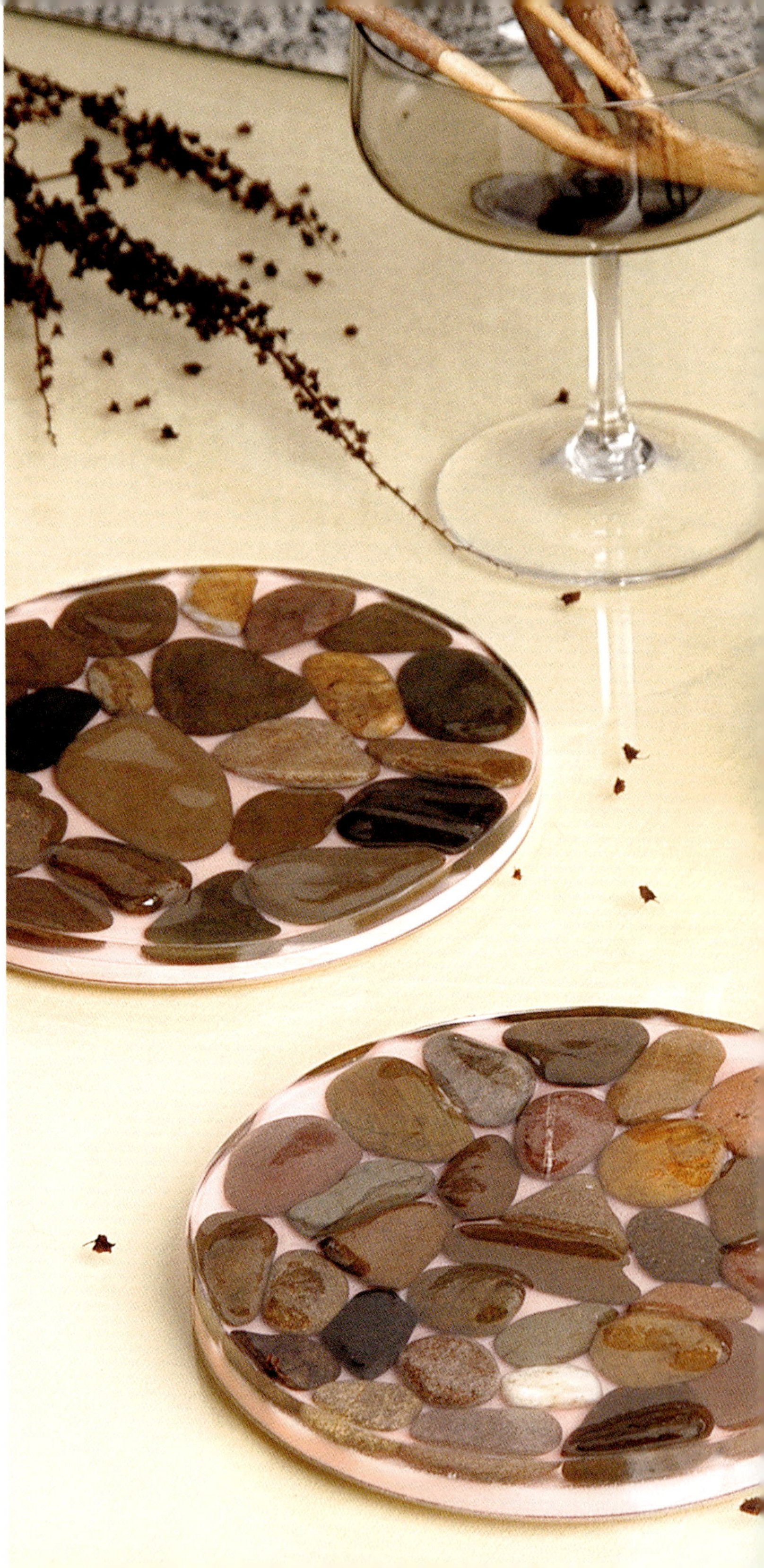

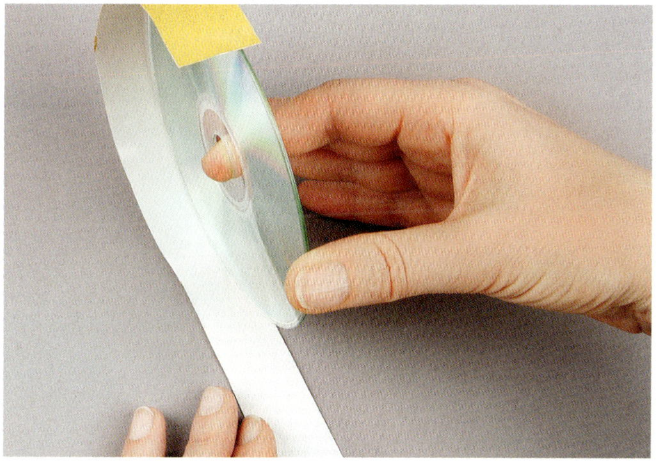

1. Ein langer Streifen Doppelklebeband wird rundherum faltenfrei auf den seitlichen Rand der CD geklebt. Das Klebeband soll gleichmäßig überstehen, sodass die CD waagrecht liegt. Das Ende des Klebebands überlappt sich. Auch das Loch wird mit einem Stück Klebeband verschlossen. Alle Klebestellen fest andrücken.

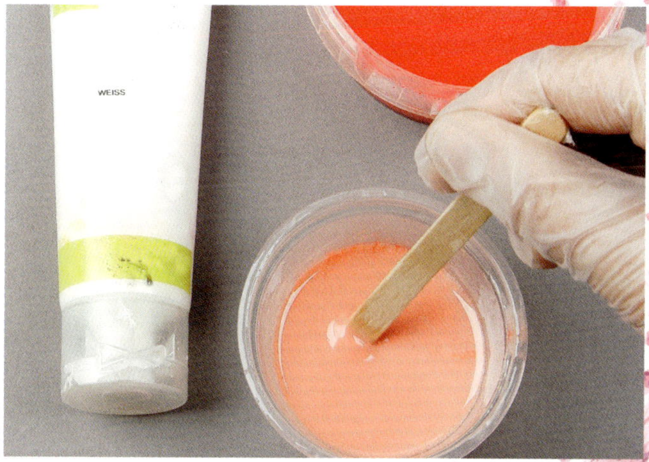

2. Das Kunstharz wird gemischt und mit Acrylfarbe Weiß und Pigment Rot rosa gefärbt.

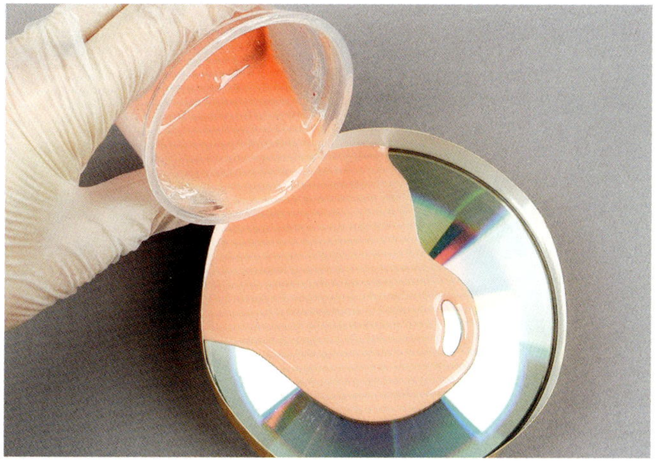

3. Mit dem gefärbten Kunstharz eine dünne Schicht gießen, sodass die Oberfläche der CD-ROM bedeckt ist. Härten lassen.

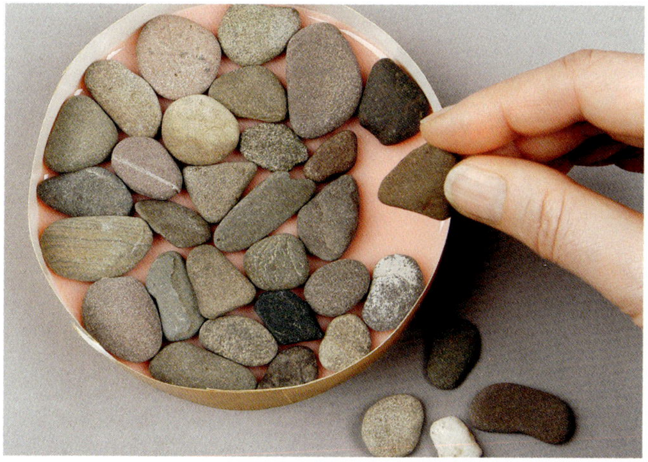

4. Die Kieselsteine werden auf der Oberfläche mosaikartig angeordnet, ohne dass sie sich überlappen.

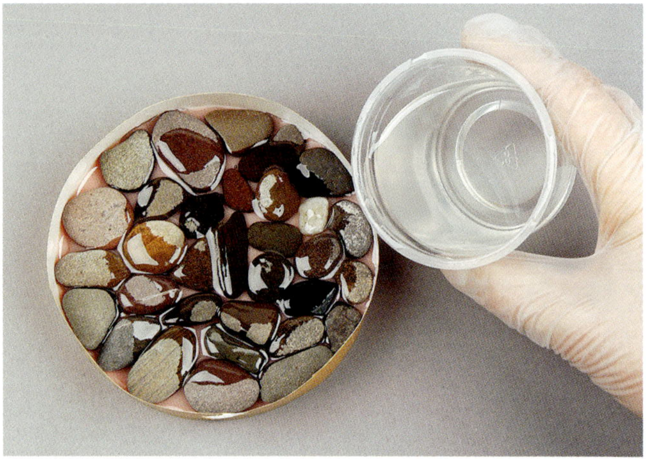

5. Das Kunstharz wird gemischt und über die Kieselsteine gegossen. CD bei Bedarf vorsichtig kippen, sodass alle Vertiefungen erreicht werden. Die Steine können herauslugen oder komplett bedeckt sein. Härten lassen.

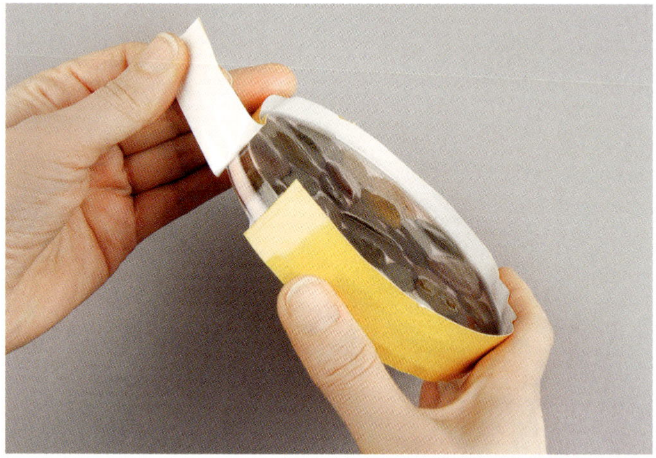

6. Das Klebeband wird abgezogen. Falls der Untersetzer einen klebrigen Rand hat, liegt das an den Rückständen des Klebebands. Diese werden mit einem Tuch und Universalverdünnung entfernt.

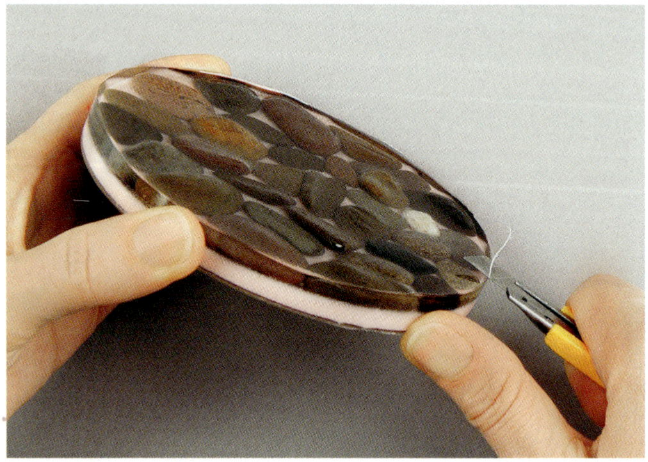

7. Der scharfkantige Rand wird mit dem Cutter begradigt.

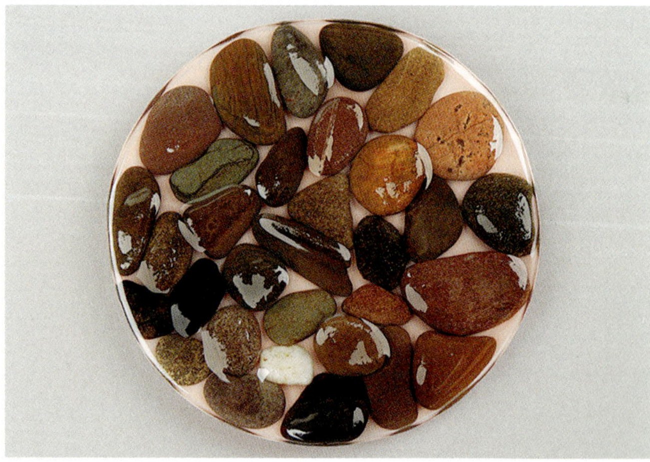

8. Der Untersetzer sollte 7 Tage bei 20 °C aushärten, bevor er mit Wasser in Berührung kommt.

FLEXIBLER RING

Es gibt sehr wenige Silikonformen für Kunstharz-Ringe zu kaufen, die die richtige Größe haben. Wenn man ein rundes Gummiband als Ringschiene nutzt und mit einem Schmuckstein verbindet, wird ein bequemer Ring in beliebiger Größe daraus. Statt des hier benutzten Zylinders kann auch jeder andere Schmuckstein zu einem Ring umfunktioniert werden, der wenigstens 8 mm hoch ist. In den Zylinder wird eine Messingdraht-Spirale dekorativ eingebettet. Der Schmuckstein entsteht mit nur einer Schicht.

Material:
Epoxidharz-System PRO
Pigment Schwarz
Zylindrische Silikonform
Messingdraht, 1 mm, Holzstäbchen
Zange
Gummiband rund, 3 mm (Baumarkt, Nähbedarf oder alternativ Haargummi)
Aceton
Permanent-Marker, Cutter, Feuerzeug
Minibohrer mit 2,5 mm Stahl-Bohrspitze
Knetmasse

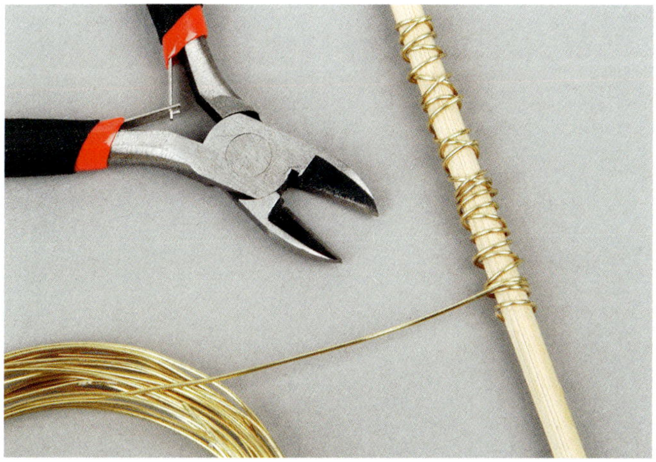

1. Das Holzstäbchen sollte mit Abstand in die Silikonform passen. Den Messingdraht über eine Länge von 5 cm hin und zurück um das Holzstäbchen wickeln. Drahtspirale vom Holzstäbchen abziehen und Drahtenden abknipsen.

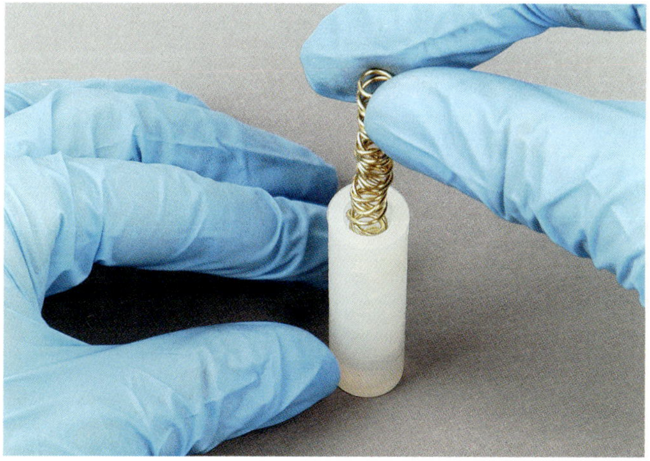

2. Prüfen, ob die Drahtspirale in die Silikonform passt. Falls die Spirale zu lang ist, wird sie zusammengestaucht. Ist die Spirale zu kurz, wird sie auseinandergezogen.

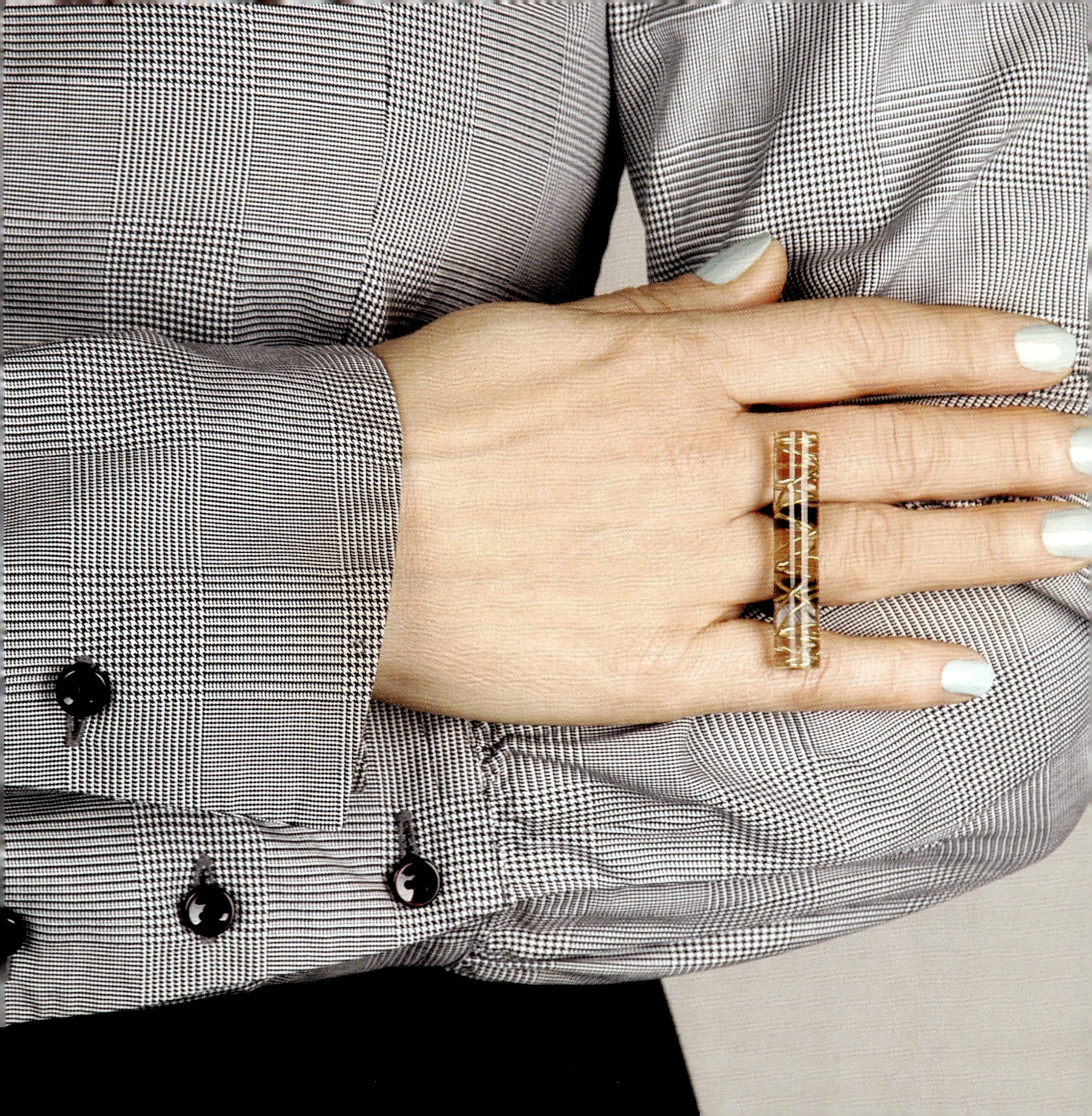

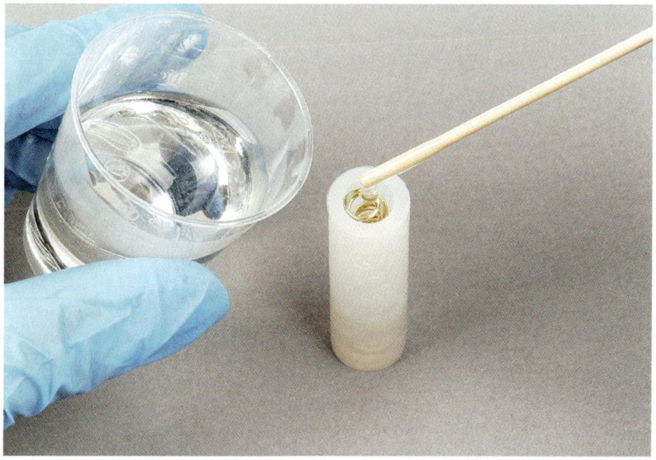

3. Kunstharz mischen und mit dem Holzstäbchen tropfenweise in die Form füllen, sodass der Boden benetzt ist. Danach wird die Drahtspirale in die Form gesteckt. Kunstharz langsam tropfenweise dazugeben, bis es leicht über den Rand der Form steht. Härten lassen.

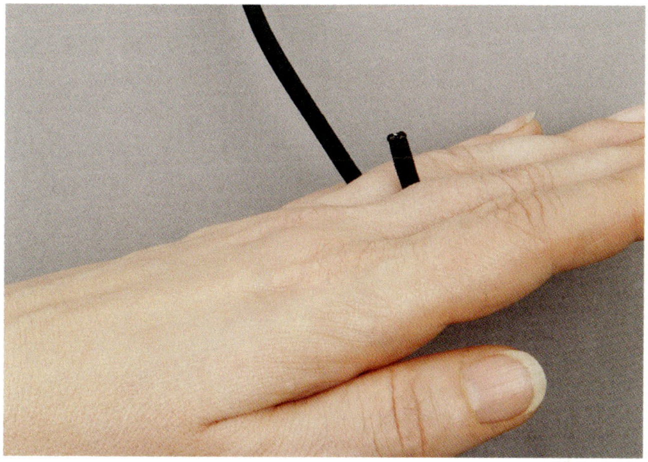

4. Für die passende Größe das Gummiband U-förmig um den Wunschfinger wickeln, sodass über dem Handrücken 5 mm Band überstehen. Das Stück mit dem Cutter abschneiden. Mit der Feuerzeug-Flamme werden die Schnittstellen des Gummibands gegen Ausfransen versäubert.

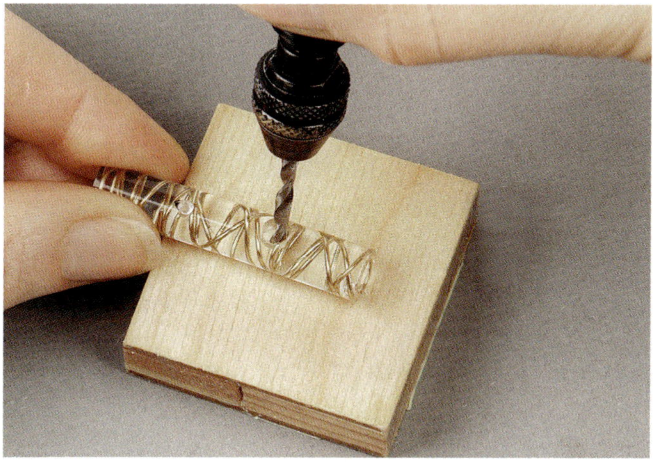

5. Der Zylinder wird ausgelöst und der Rand mit dem Cutter geglättet. Die Position der Bohrlöcher mit dem Marker anzeichnen. Die Löcher werden mit dem Minibohrer nur 5 mm tief gesetzt und so verbreitert, dass das Gummiband locker hineinpasst und stecken bleibt.

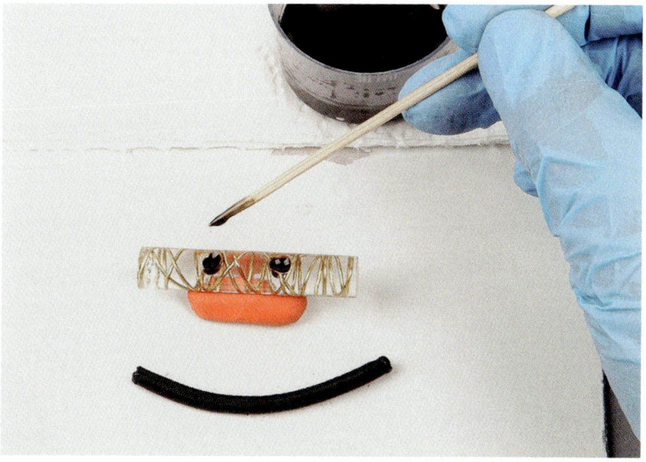

6. Der Zylinder wird rutschsicher auf einem Stück Knet fixiert, sodass die Bohrlöcher nach oben zeigen. Kunstharz mischen und passend zum Gummiband schwarz färben. Mit einem dünnen Holzstäbchen zunächst ein, zwei Tropfen farbiges Kunstharz in die Bohrlöcher tropfen.

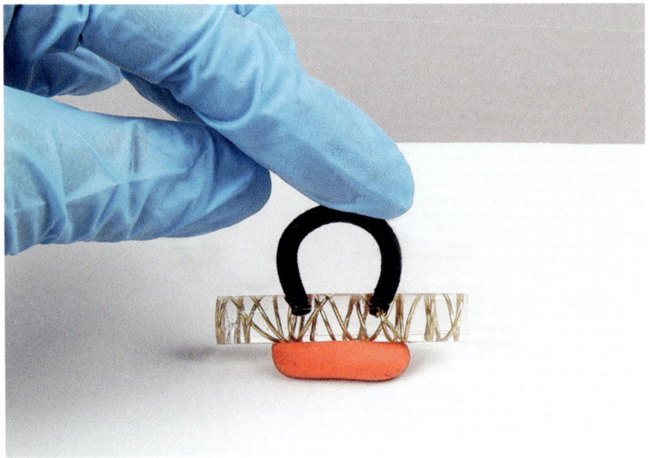

7. Die Gummiband-Enden in die Bohrlöcher stecken. Damit das Band bombenfest hält, wird mit einem dünnen Holzstäbchen gefärbtes Kunstharz in den Spalt getropft. Hier präzise arbeiten: Wenn etwas Harz danebenläuft, muss der Zylinder direkt mit Aceton gereinigt werden – sonst verklebt er mit dem Knet! Härten lassen.

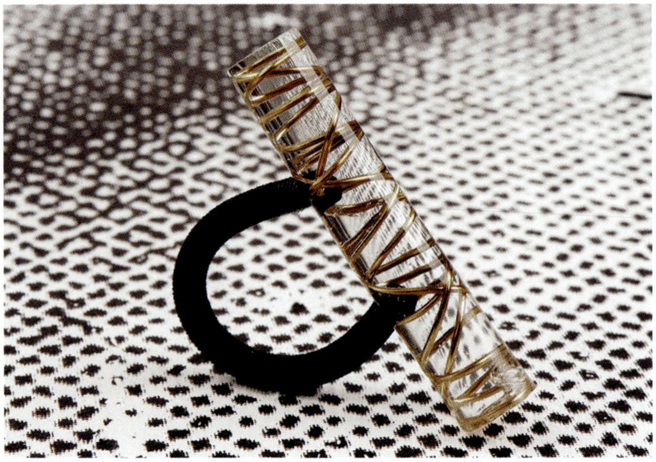

Fertig ist der transparente Ring mit flexibler Ringschiene.

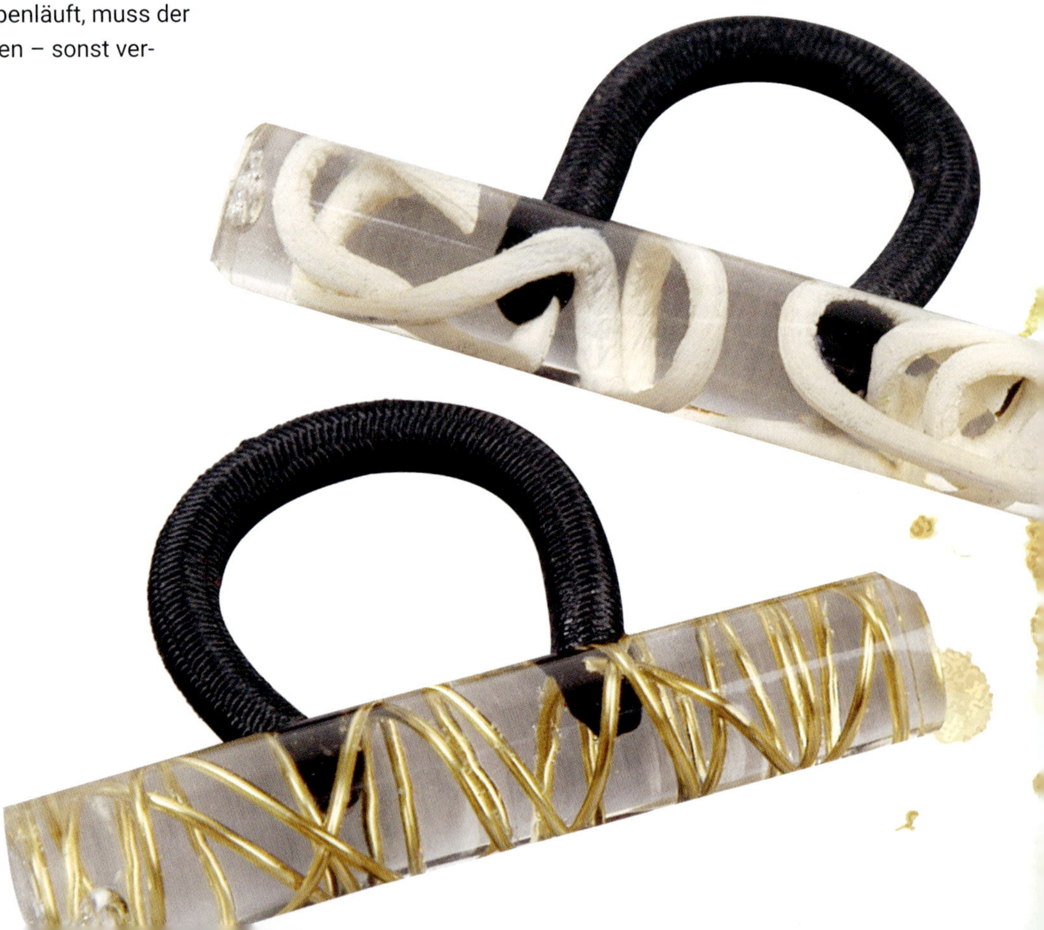

TIPP

Anstatt der Messingdraht-Spirale kann man auch eine Lederkordel als Einbettung nutzen. Beide Materialien nutzen Eigengewicht und Verformbarkeit, um innerhalb des Zylinders an Ort und Stelle zu bleiben.

MESSINGROHR-ANHÄNGER

Bei diesen transparenten Anhängern wird Messingrohr nicht nur zu dekorativen Zwecken eingebettet: Das Rohr wird in die Silikonform eingeklemmt und dient als Tunnel, durch den das Lederband zum Umhängen gezogen wird. Der Anhänger wird mit nur einer Harzschicht realisiert.

Messingrohr ist im Baumarkt erhältlich und wird mit einer Handsäge in die gewünschte Länge gebracht. Formgeber sind handelsübliche rechteckige und runde Silikonförmchen mit Wellenoberfläche, die online über Amazon, Ebay oder Etsy erhältlich sind.

Material:
Epoxidharz-System ECO
Silikonförmchen mit geraden Seitenwänden
Messingrohr mit Innendurchmesser 2 mm
Messingdraht, 1 mm
Nudeln schwarz und weiß (Asia-Shop)
Lederkordel, 1 mm
Permanent-Marker, Handsäge mit Metall-Sägeblatt, Schraubstock
Seitenschneider, Metallfeile
Pinzette, Cutter, Minibohrer mit Stahl-Bohrspitze

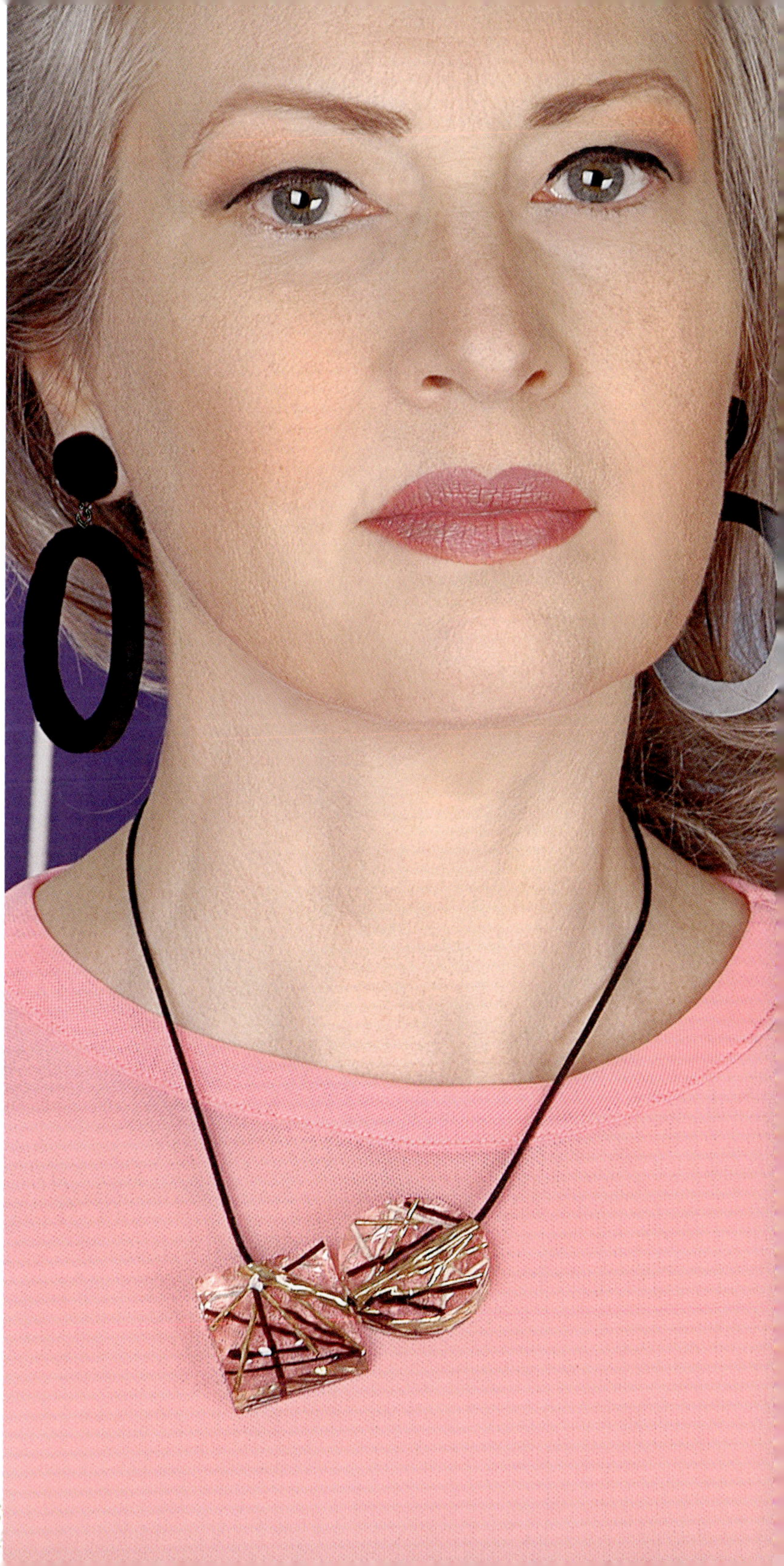

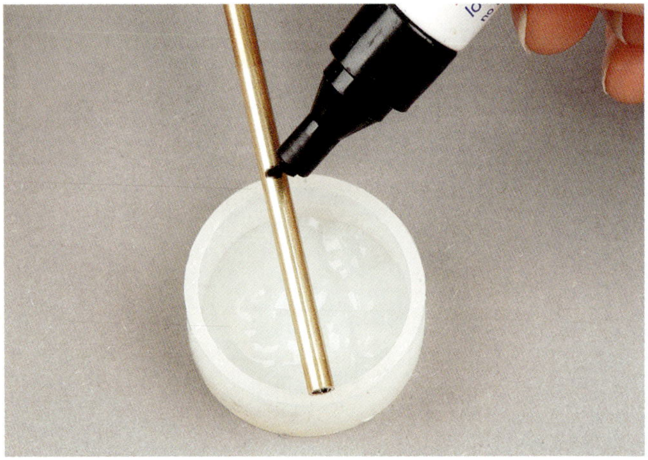

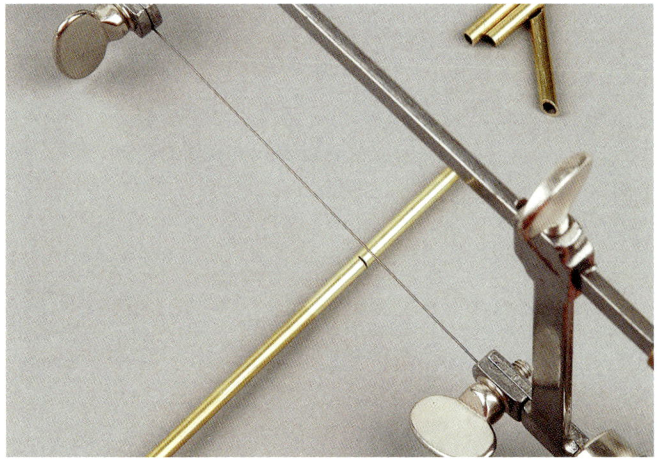

1. Das Messingrohr wird passend zur Länge der Silikonform angezeichnet.

2. Mithilfe des Schraubstocks und der Metallsäge werden die Rohrabschnitte abgesägt. Die Sägestellen werden mit der Metallfeile geglättet.

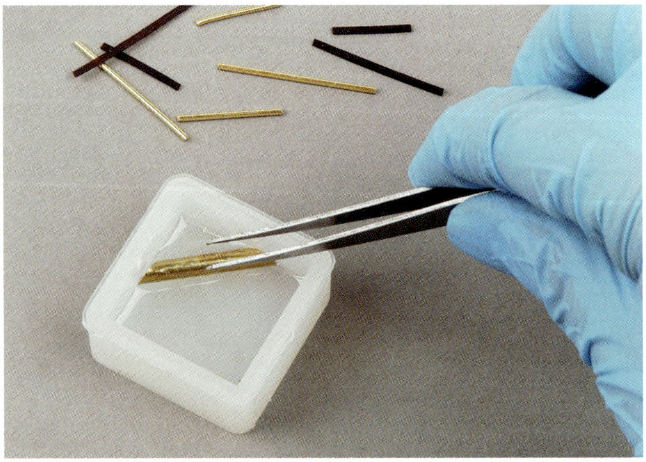

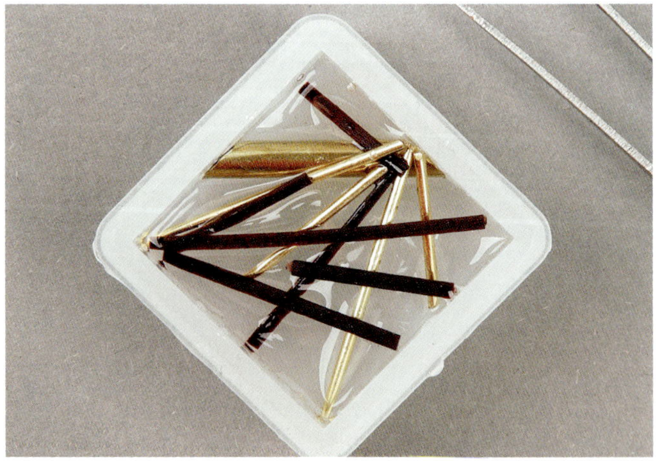

3. Mit dem Seitenschneider werden vom Draht kürzere und längere Stücke abgeschnitten. Die Enden werden mit der Metallfeile geglättet. Auch von den Nudeln werden Stücke abgebrochen und alles griffbereit platziert. Kunstharz wird gemischt und in die Silikonform getropft, sodass der Boden bedeckt ist. Das Messingrohr wird mit der Pinzette in der Silikonform platziert.

4. Es werden weitere Draht- und Nudelstücke überlappend angeordnet. Kunstharz wird tropfenweise zugegeben, bis das komplette Arrangement bedeckt ist. Falls eine Nudel verrutscht ist, lässt sich die Position mit der Pinzette korrigieren. Die Pinzette nach Gebrauch mit Küchenkrepp reinigen. Härten lassen.

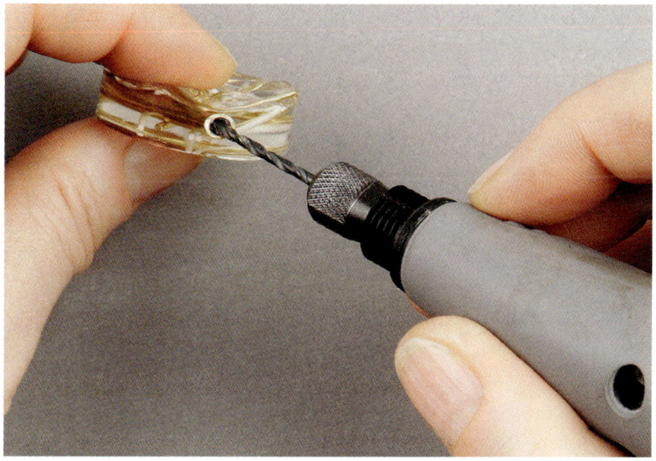

5. Der getrocknete Anhänger lässt sich einfach aus der Silikonform drücken. Der scharfkantige Rand wird mit dem Cutter geglättet. Falls der Messingtunnel sich an den Öffnungen zugesetzt hat, kommt der Minibohrer zum Einsatz.

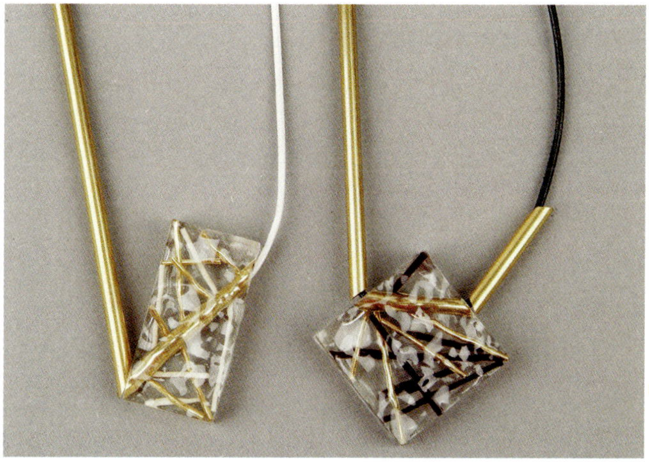

6. Mit weiteren Messingrohr-Abschnitten auf der Lederkordel wird der Anhänger zu einem avantgardistischen Halsschmuck veredelt.

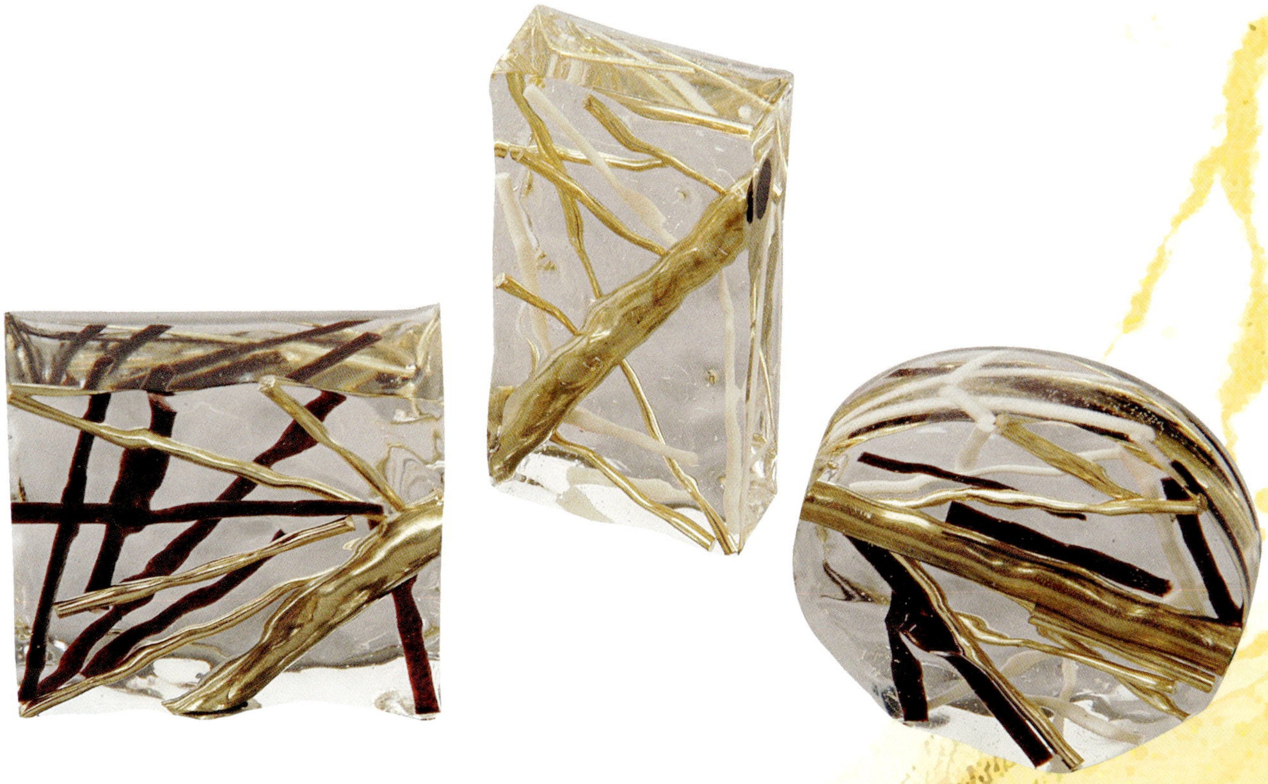

Effekte

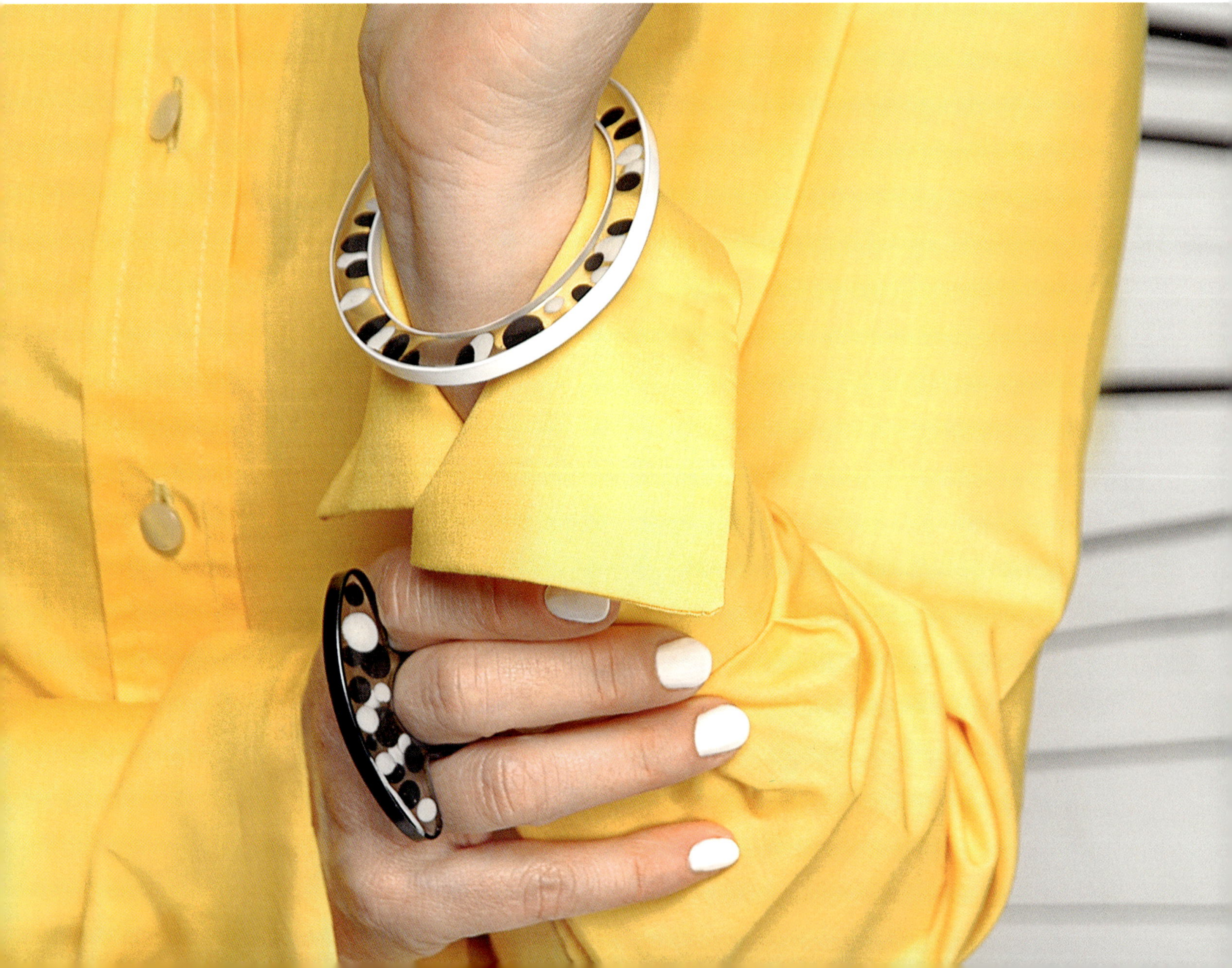

DRAHT-ARMREIF MIT PUNKTEN

Mit der Draht- und Klebeband-Technik ist es möglich, Armreife mit individuellem Innendurchmesser und individueller Breite herzustellen. Ähnlich wie die Draht-Broschen besteht der Armreif aus zwei unterschiedlich großen ovalen Drahtringen. Die Armreif-Breite beträgt 1,5 cm, damit blickdichte Punkte aus Modelliermasse Platz finden. Da die Einbettung auf der klebrigen Oberfläche des Klebebands gegen Aufschwimmen fixiert ist, eignet sich auch jedes andere Objekt, das klein und flach genug ist.

Der Armreif dient als Vorlage für eine Silikonform, siehe Seite 67.

Material:
Epoxidharz-System ECO
Aluminiumdraht flach, 5 mm breit, weiß
Tesa Perfect Gewebeband, 38 mm breit
Punkte aus luftgehärteter Modelliermasse (oder andere Objekte deiner Wahl)
Stabfeuerzeug
Seitenschneider, Bastelzange, Metallfeile, Pinzette

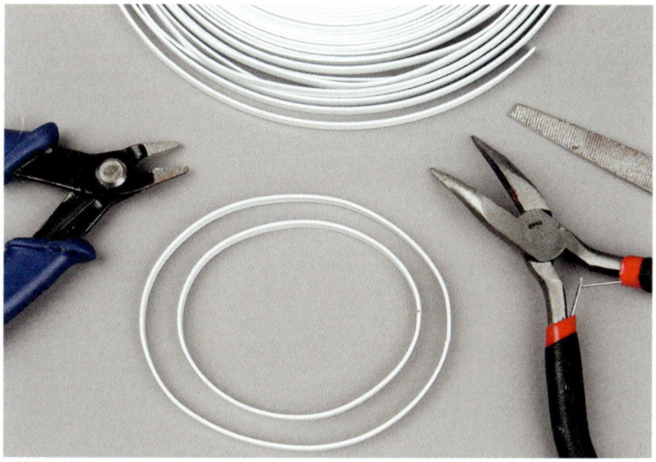

1. Vom Aluminiumdraht werden zwei Stücke mit 19,5 und 25 cm Länge abgeknipst. Die Maße ergeben einen Armreif mit ovalem Innendurchmesser 7 x 6 cm. Die Drahtenden werden mit der Metallfeile plan gefeilt. Von Hand ovale Ringe mit ungefähr gleicher Krümmung biegen, sodass sie gut ineinanderpassen. Die Drahtenden sitzen dabei möglichst genau aufeinander.

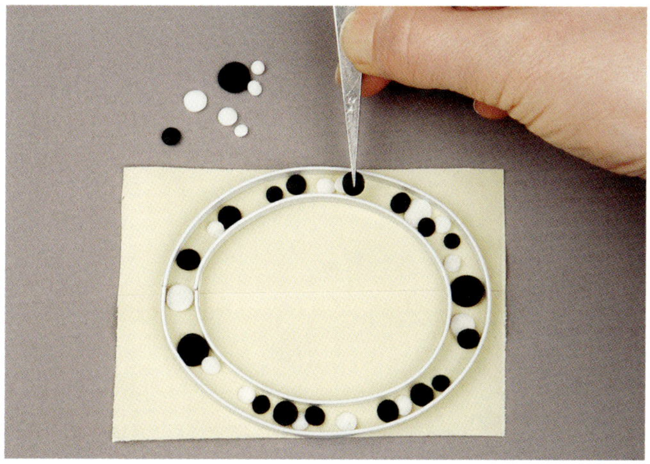

2. Zwei Streifen des Tapes werden überlappend aufeinandergeklebt, sodass eine ausreichend große Fläche entsteht. Die beiden Drahtringe auf der klebrigen Seite des Tapes platzieren. Von beiden Seiten werden die Drahtformen fest angedrückt, sodass sie sich auf der Rückseite des Klebebands abzeichnen. Mit der Pinzette die einzubettenden Objekte zwischen den Ringen platzieren.

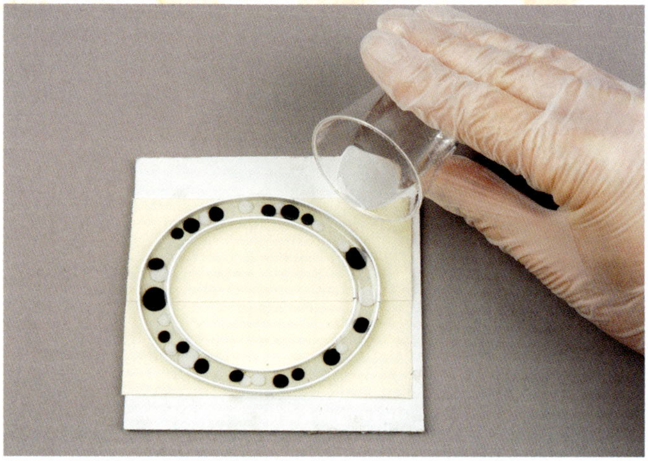

3. Nun wird wenig Kunstharz gemischt und mit einem dünnen Strahl zwischen die Drahtringe gegossen, sodass es leicht übersteht. Luftblasen werden mit der Flamme des Stabfeuerzeugs verscheucht. Härten lassen.

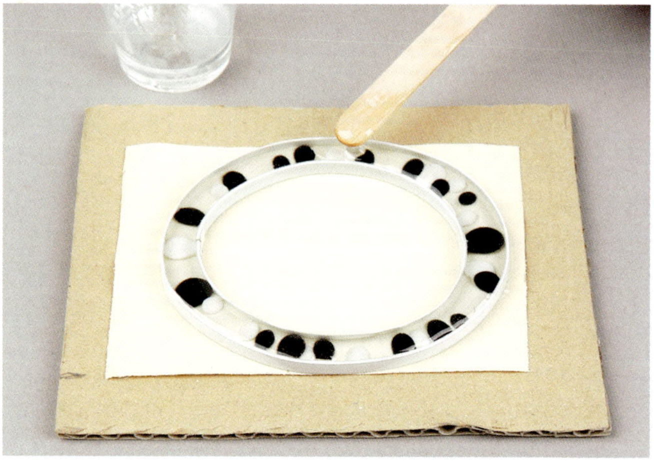

4. Die durch das Trocknen abgesunkene Oberfläche wird laminiert. Das Kunstharz ruht nach dem Mischen 20 Min. und wird dann tropfenweise auf die Oberfläche gebracht. Von der Mitte aus bis an die Ränder verstreichen. Härten lassen.

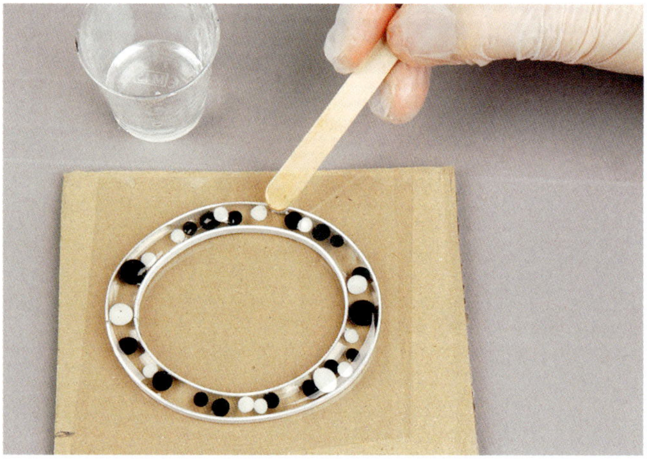

5. Klebeband abziehen. Den Armreif mit der matten Seite nach oben platzieren. So verfahren, wie bei der Vorderseite beschrieben. Härten lassen.

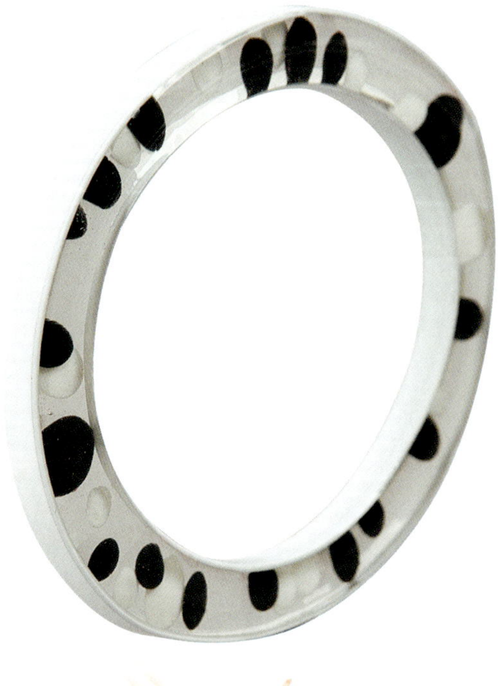

Transparenter Draht-Armreif mit eingebetteten Punkten.

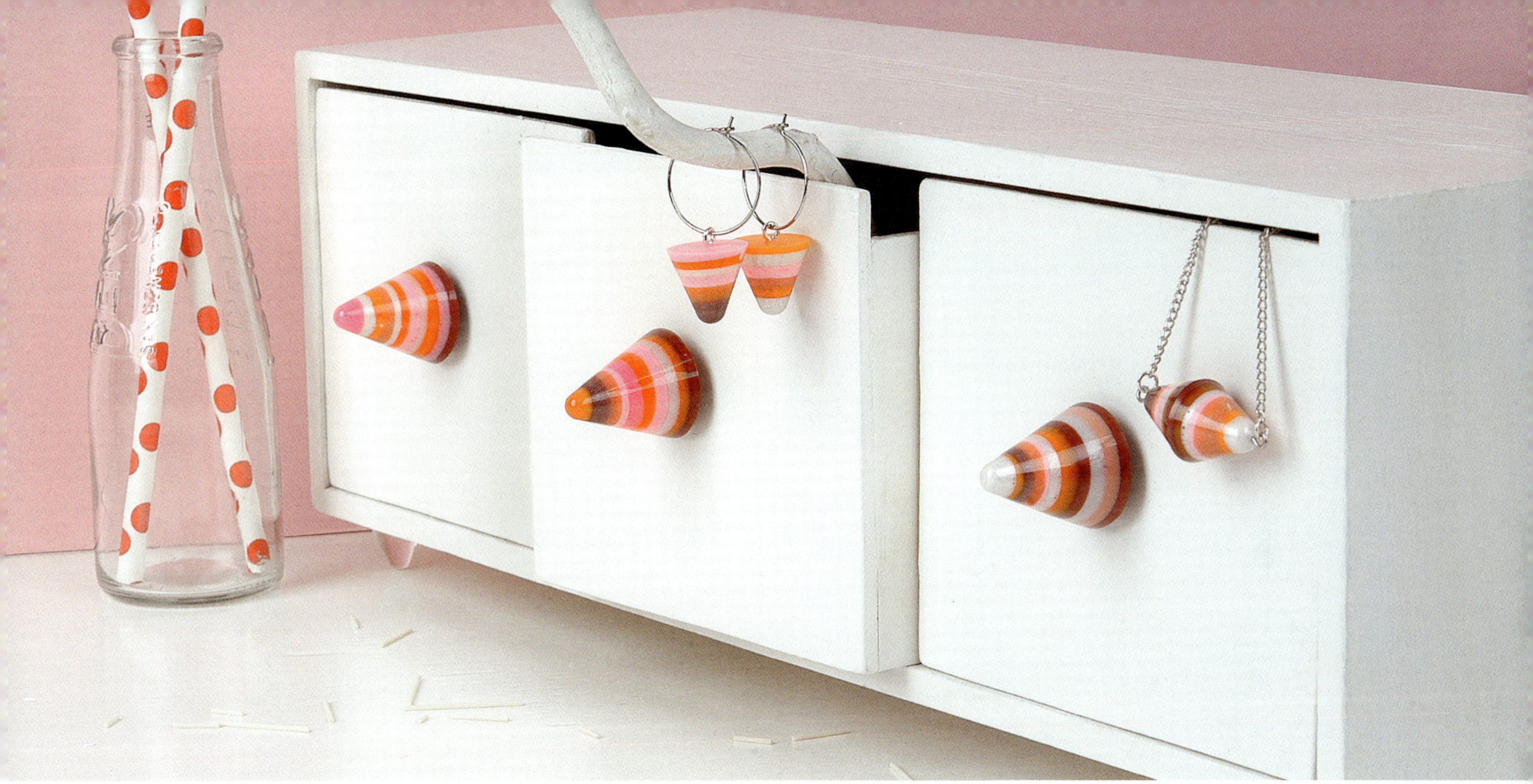

GESTREIFTE SCHMUCKPERLEN UND MÖBELGRIFFE

Streifenmuster machen gute Laune und sind mit Kunstharz vergleichsweise einfach herzustellen. Man muss nur ein wenig Geduld mitbringen: Jede Farbschicht härtet 20 Std., bevor die nächste aufgetragen wird. Je nach Höhe und Anzahl der Schichten dauert das Gießen mehrere Tage. In der Anleitung wird eine Kegel-Silikonform aus dem Patisserie-Bedarf genutzt, die mit nur wenigen Schichten Kunstharz winzige Kegelperlen für die Schmuckherstellung ergibt. Bis zum Rand gefüllt erhält man aus der gleichen Form kompakte Möbelgriffe.

Der Streifen-Effekt ist besonders hübsch, wenn sich dunkle und helle Töne abwechseln.

Material:
Epoxidharz-System ECO
Kegel-Silikonform (hier von Silikomart)
Farbgeber nach Wahl

Für die Anhänger und Ohrringe:
Nassschleifpapier, Körnung 180 und 600
Minibohrer mit 1 und 1,5 mm Bohrspitze
2 Einschraubösen, 2 Edelstahl-Kreolen
Basteldraht, 0,8 mm
Kettchen, 2 Biegeringe
Rundzange, Bastelzange

Für die Möbelgriffe:
Metallfeile
M3 Gewindehülsen mit passender Schraube
Doppelklebeband

1. Am besten im Vorfeld die Farben für das Streifenmuster festlegen, beispielsweise mit Muster-Schmucksteinen. Wenig Kunstharz mischen und mit einer der ausgewählten Farben färben. Für die erste Schicht – die Spitze des Zylinders – benötigt man nur einen Tropfen. Einfüllen und härten lassen. Die Vorgänge Mischen, Färben, Gießen und Härten wiederholen, bis die Silikonform zur Hälfte gefüllt ist. Bei jeder neuen Schicht wird etwas mehr Harz benötigt, und das Harz wird anders gefärbt.

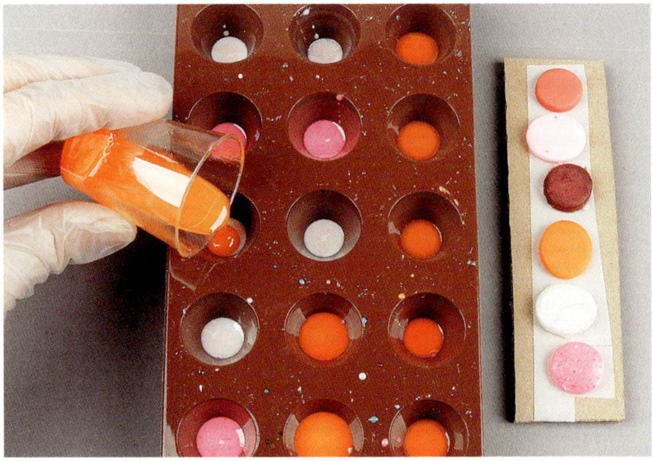

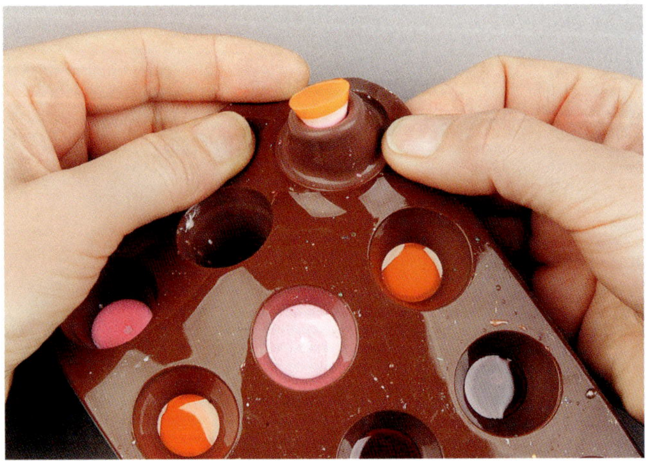

2. Für die Schmuckperlen vier halbhohe Kegel auslösen.

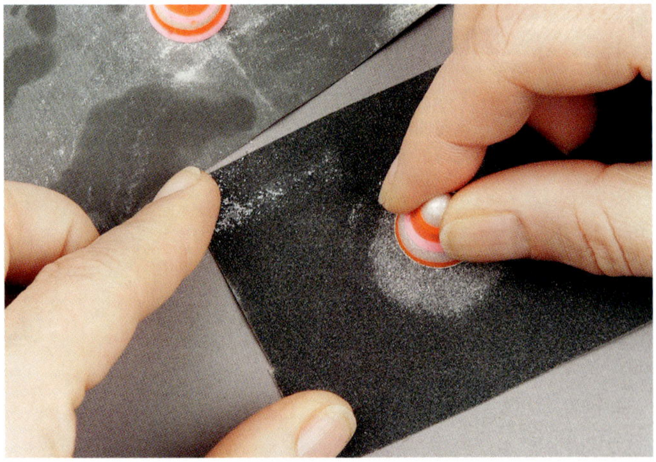

3. Die breite Kegelfläche auf genässtem Nassschleifpapier rotierend schleifen, dabei wird der scharfkantige Rand vollständig entfernt. Erst mit Körnung 180 schleifen, bis die Fläche glatt ist. Dann mit Körnung 600 schleifen, um eine seidenmatte Optik zu erzielen.

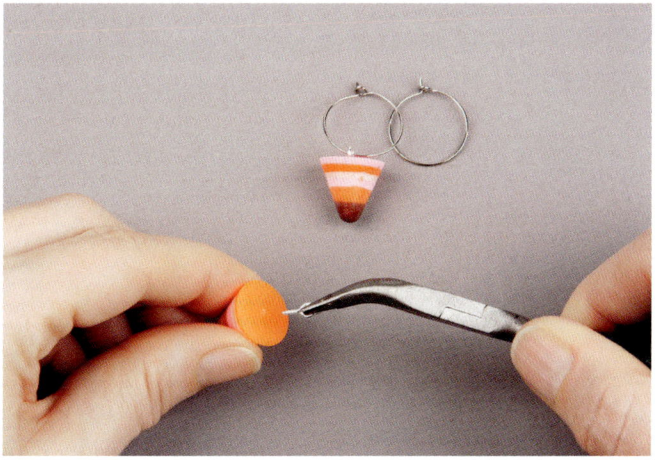

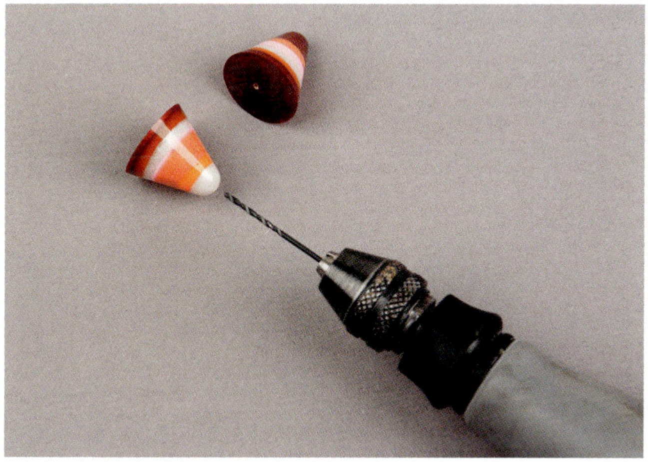

4. Die Perlen für die Ohrringe werden mit dem Minibohrer und der feinen Bohrspitze gebohrt. Das Bohrloch mittig in die geschliffene Bodenfläche setzen, etwa 5 mm tief. Die Einschrauböse wird mit der Zange bis zum Anschlag eingedreht. Die Öse auf den Kreolendraht fädeln – fertig sind ein paar zierliche Pendelohrringe!

5. Die zwei Perlen für den Kettenanhänger werden mit dem Minibohrer und der größeren Bohrspitze von oben nach unten durchgebohrt.

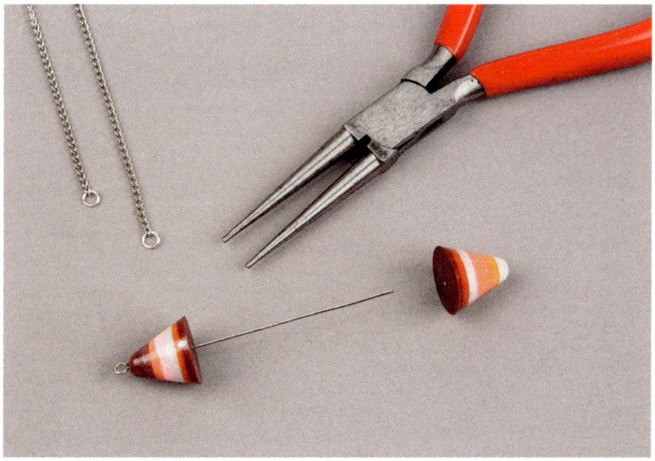

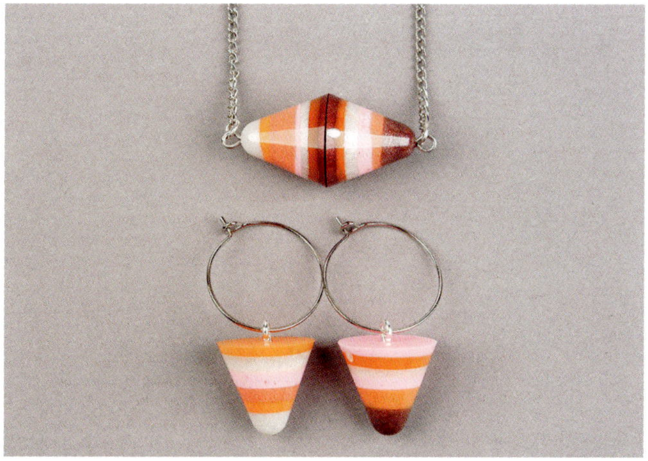

6. Die Perlen gegeneinander auf ein Stück Schmuckdraht fädeln. Die Enden des Drahts mit der Rundzange zu Ösen biegen. Mit zwei Biegeringen wird der Anhänger am Kettchen befestigt.

Süßes Schmuckset aus vier gestreiften Kunstharz-Perlen.

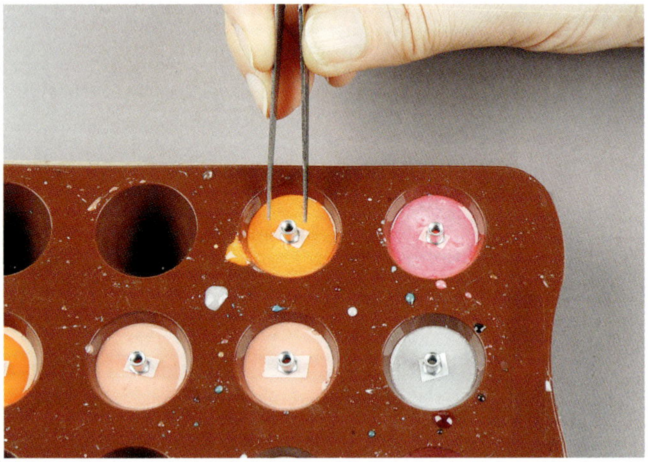

1. Für die Möbelgriffe die Kegelformen weiter mit dünnen, gefärbten Harzschichten füllen, bis zum Rand 3 mm fehlen. Die Gewindehülse wird mit einem Schnipsel Doppelklebeband mittig auf die gehärtete Oberfläche fixiert. Die Hülse steht noch aus der Form heraus, dadurch lässt sich der Griff besser greifen.

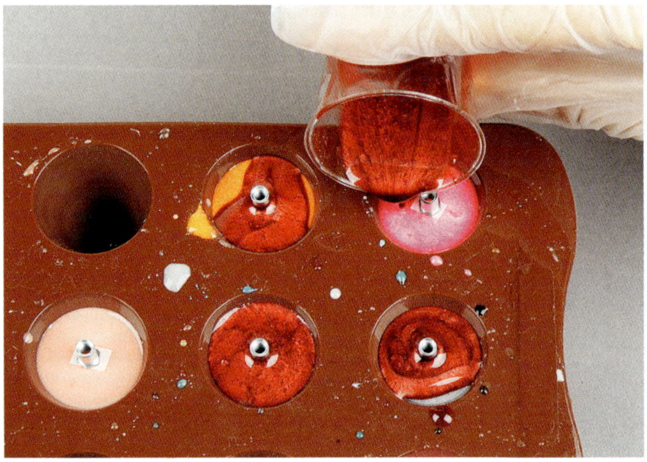

2. Kunstharz mischen, färben und die Silikonform bis zum Rand füllen. Härten lassen.

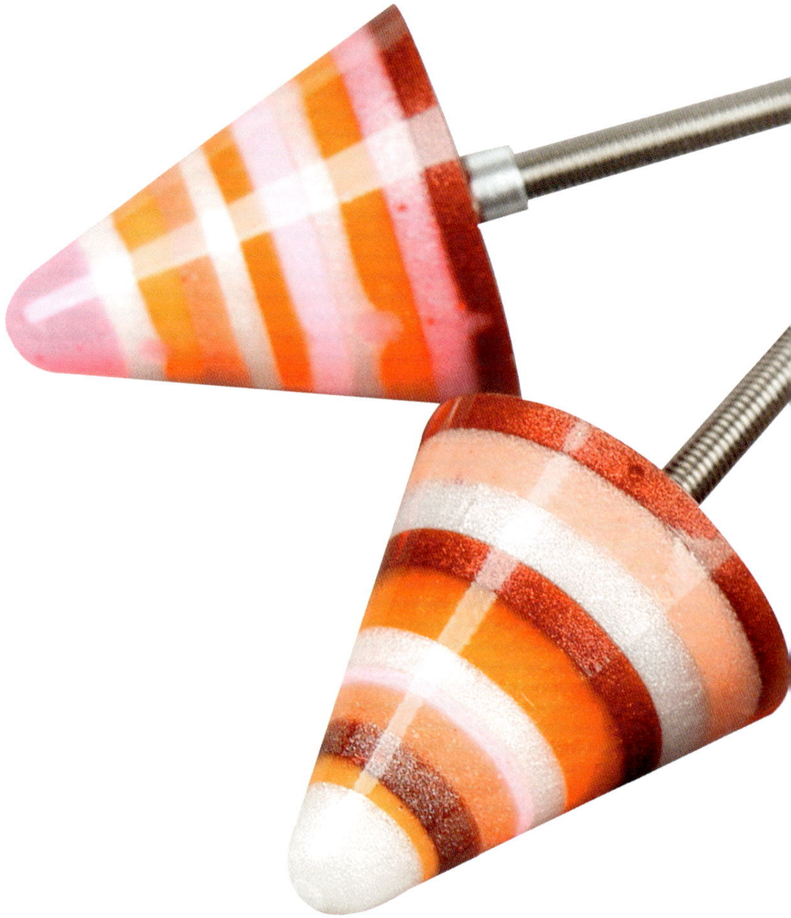

3. Auslösen und den scharfkantigen Rand um die Gewindehülse mit der Metallfeile glätten. Fertig sind fröhlich gestreifte Möbelgriffe.

MARMORIERTE DRAHT-OHRRINGE

Es hat einige Zeit gedauert, bis ich dem Geheimnis des Marmorier-Effekts auf die Schliche gekommen bin und ihn zuverlässig reproduzieren konnte. Anders als bei den Streifen, die mehrere Tage beanspruchen, entsteht der Marmorier-Effekt in nur einem Gießdurchgang. Die fransigen Farbübergänge bilden sich von alleine, wenn Partien von verschieden gefärbtem Kunstharz sich berühren. Bei den Ohrringen agieren fünf Farben miteinander, wobei vier einen hellen Untergrund bilden, von dem die fünfte Farbe sich kontrastreich abhebt.

Wenn man Kunstharz direkt verarbeitet, wie hier bei den Ohrringen, werden die Farbübergänge weich und malerisch. Lässt man das gefärbte Kunstharz 20 Min. vorgelieren, bevor man es zusammenbringt, werden die Farbübergänge deutlicher.

Material:

Epoxidharz-System ECO
Aluminiumdraht rund, 2 mm, schwarz
Holzstäbchen
Tesa Perfect Gewebeband, 38 mm breit
Acrylfarbe Weiß, Pigment Rot, Blau, Gelb und Magenta
Seitenschneider, Bastelzange, Metallfeile
Minibohrer mit 1,5 mm Stahlbohrspitze
2 Ohrring-Pins mit Befestigungsplatte
8 Biegeringe, 1 mm, 0,8 cm Durchmesser

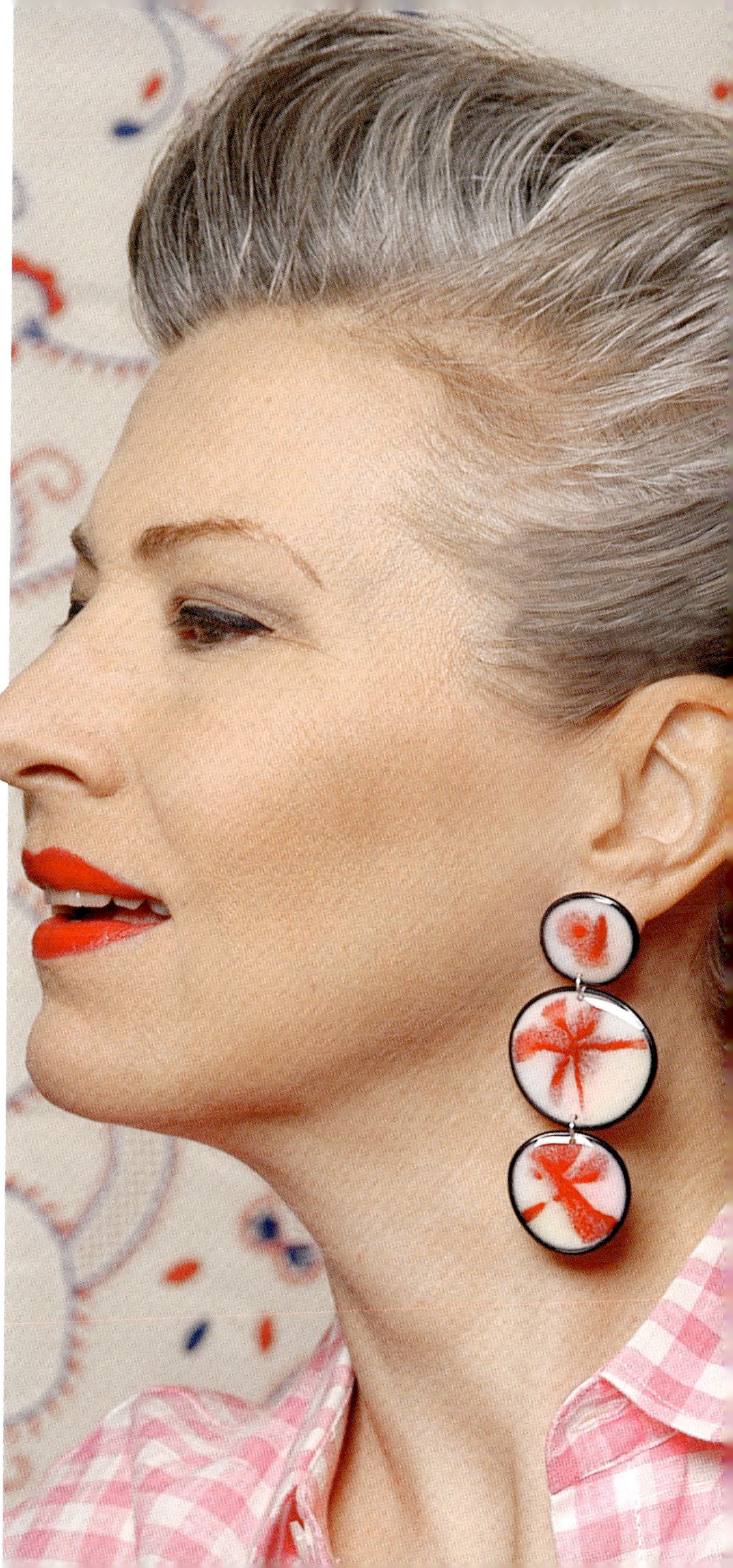

1. Vom Draht werden je zwei Stücke mit 6,5, 8,5 und 10,5 cm abgeknipst. Drahtenden mit der Metallfeile plan feilen. Den Draht mit der Hand zu Kreisen biegen. Die Drahtenden sollen möglichst genau aufeinandersitzen. Die Drahtformen untereinander auf der klebrigen Seite des Klebebands platzieren. Den Draht von beiden Seiten fest andrücken, die Formen sollten sich auf der Rückseite des Klebebands abzeichnen.

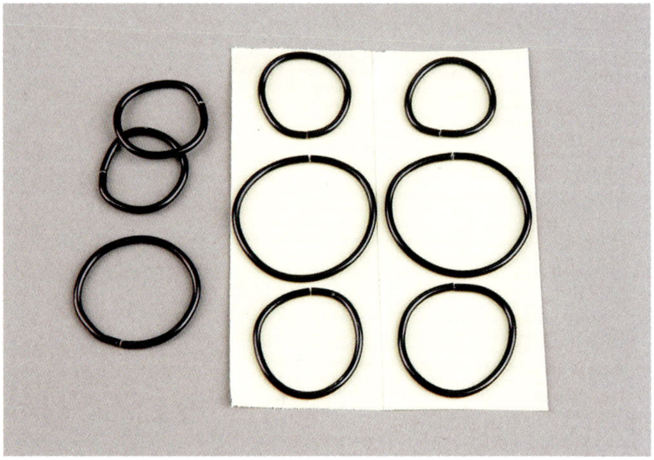

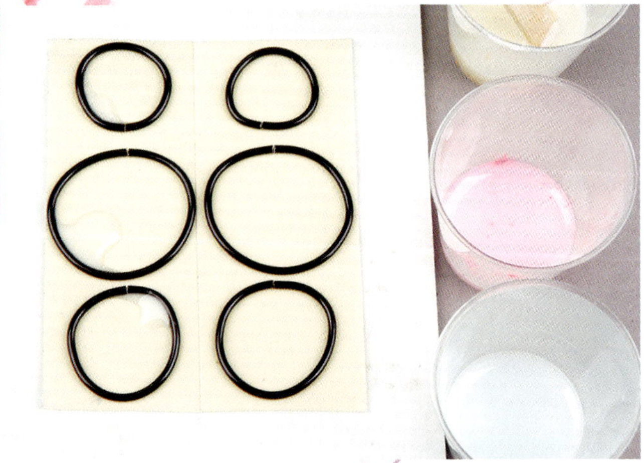

2. Eine mittlere Portion Kunstharz mischen und im Verhältnis 1 : 4 auf zwei Mischbecher aufteilen. Die große Portion wird weiß, die kleine rot gefärbt. Das weiß gefärbte Kunstharz auf vier Mischbecher aufteilen. Mit wenig Pigment Blau, Gelb und Magenta werden drei Portionen blassblau, blassgelb und blassrosa gefärbt, eine Portion bleibt weiß. Mit einem Holzstäbchen ein wenig blassgelb gefärbtes Kunstharz in jeden der Drahtringe tropfen.

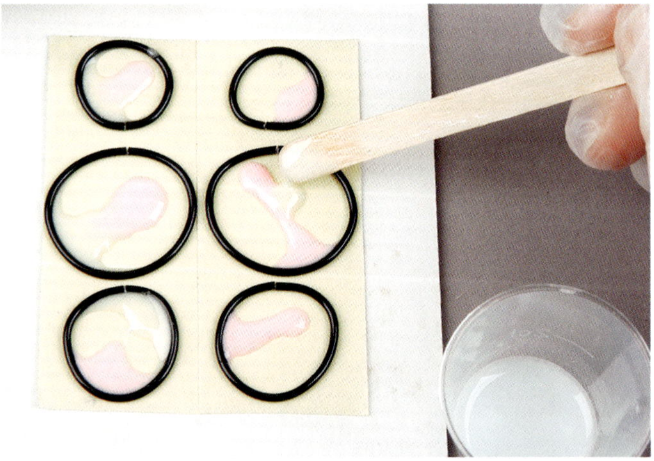

3. Im nächsten Durchgang werden einige Tropfen Blassrosa neben den gelben Harztropfen platziert.

4. Wenige Tropfen Blassblau neben die bereits eingetropften Farben platzieren. Weiß gefärbtes Kunstharz in die noch freien Zwischenräume tropfen, bis die Drahtform gefüllt ist. Wenn eine Farbe zu schwach erscheint, noch etwas davon ergänzen. Auf dem Bild ist die Vorderseite der Ohrringe zu sehen.

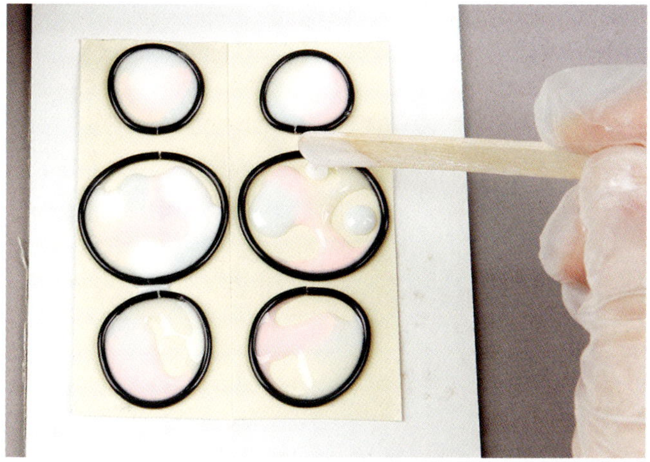

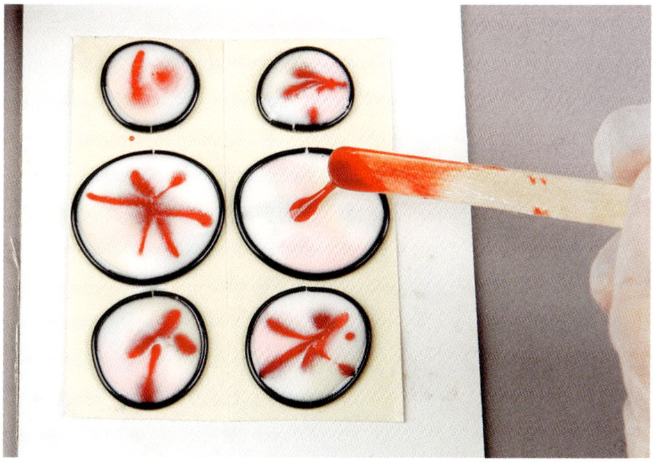

5. Zum Schluss wird das rot gefärbte Kunstharz strahlenförmig aufgetragen. Benutzt man ein dünnes Holzstäbchen statt des Spatels, wird der rote Farbauftrag weniger intensiv. Härten lassen.

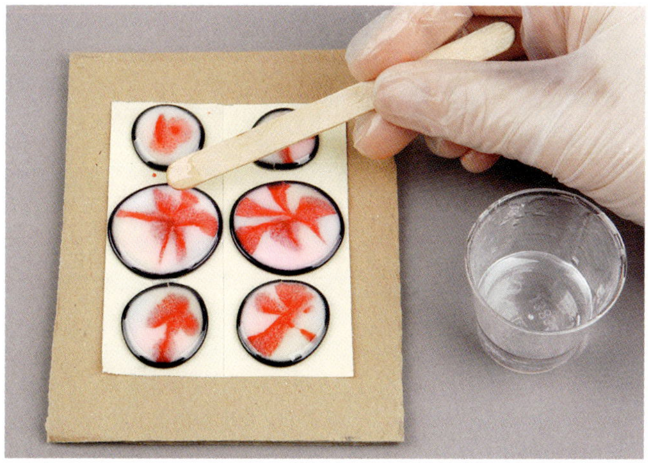

6. Da beim Trocknen die Oberfläche einsinkt, wird sie mit einer dünnen Schicht Harz laminiert. Wenig Kunstharz mischen und 20 Min. ruhen lassen. Mit einem Holzstäbchen tropfenweise auftragen und bis zum Drahtrand verstreichen. Härten lassen.

7. Klebeband abziehen. Falls etwas Kunstharz außen am Draht haftet, werden diese Ränder vorsichtig mit der Bastelzange abgebrochen. Die matte Unterseite der Ohrringe wird laminiert. So verfahren, wie für die Vorderseite beschreiben. Wenn der Schmuckstein wegrutschen möchte, wird er mit einem zweiten Holzstäbchen fixiert.

Die Ohrstecker-Pins werden bei den kleinen Schmucksteinen mittig auf der nassen Harzoberfläche positioniert. Härten lassen.

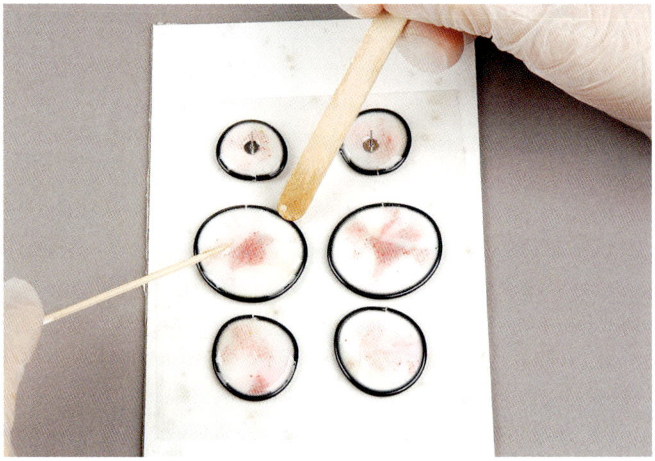

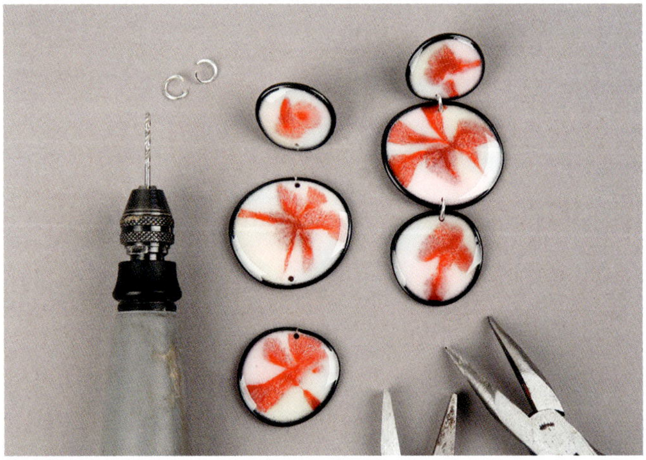

8. Jetzt die Anordnung der Schmucksteine festlegen. Der große Schmuckstein wird am oberen und unteren Rand mit dem Minibohrer gebohrt. Der Schmuckstein mit dem Ohrstecker wird nur unten gebohrt, der untere Schmuckstein nur am oberen Rand. Schmucksteine mit Biegeringen miteinander verbinden.

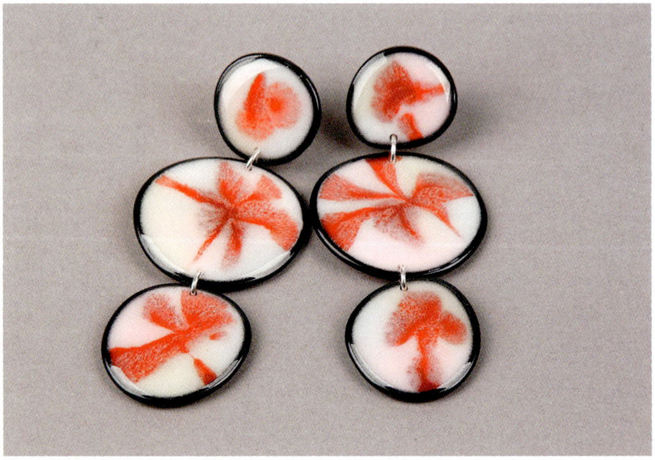

Fertig sind die mit fünf Farbtönen marmorierten Statement-Ohrringe.

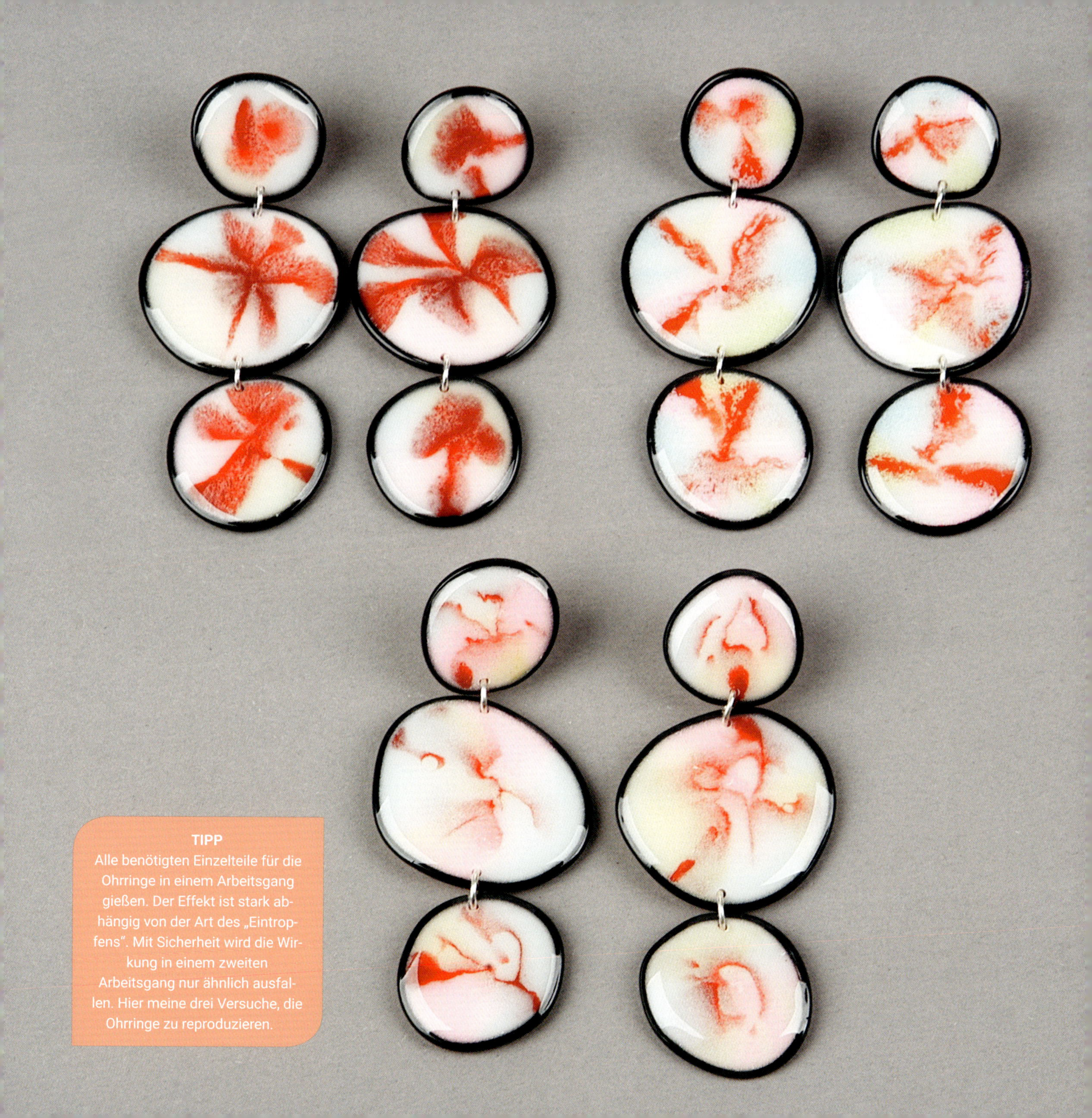

TIPP

Alle benötigten Einzelteile für die Ohrringe in einem Arbeitsgang gießen. Der Effekt ist stark abhängig von der Art des „Eintropfens“. Mit Sicherheit wird die Wirkung in einem zweiten Arbeitsgang nur ähnlich ausfallen. Hier meine drei Versuche, die Ohrringe zu reproduzieren.

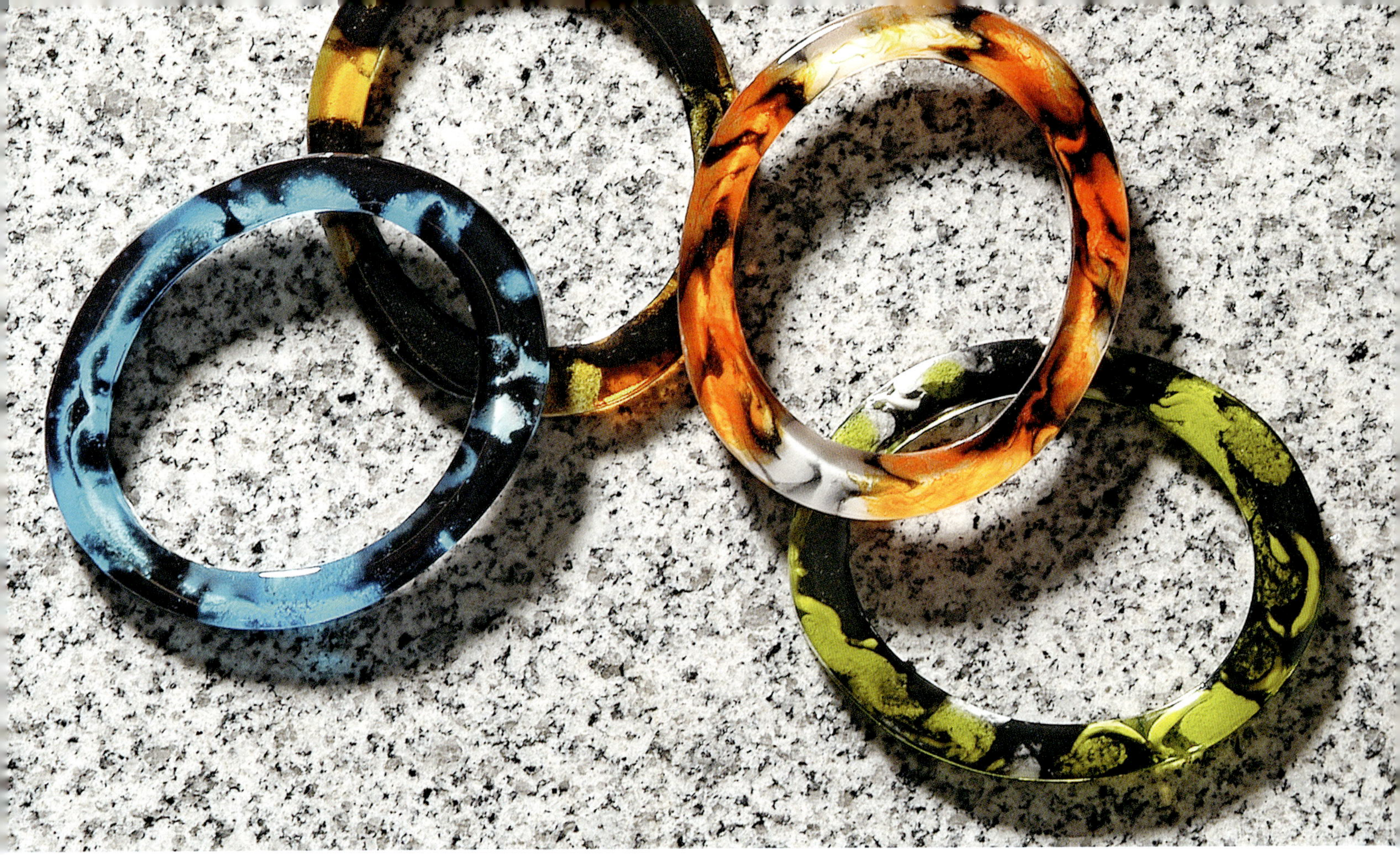

MARMORIERTER ARMREIF (FLACH)

Der Armreif besteht aus drei Schichten Kunstharz, wobei die äußeren beiden transparent farbig umgesetzt sind. Um den Farbauftrag unregelmäßig zu gestalten, wird Color'Resin genutzt. Ein schwarz-weißer Marmorier-Effekt bildet die mittlere Schicht, sie ist von beiden Seiten des Armreifs durch die transparente Deckschicht zu erkennen.

Bei dieser Anleitung kommt eine selbst hergestellte Silikonform zum Einsatz. Vorlage ist der Draht-Armreif mit Punkten von Seite 42. Auf Seite 67 wird erklärt, wie man diese Silikonform selber macht. Alternativ kann natürlich jede andere flache Armreif-Silikonform genutzt werden.

Material:
Epoxidharz-System ECO
Silikonform Armreif flach
Holzstäbchen
Transparente Harzfarbe, hier Color'Resin Orange
Acrylfarbe Schwarz und Weiß

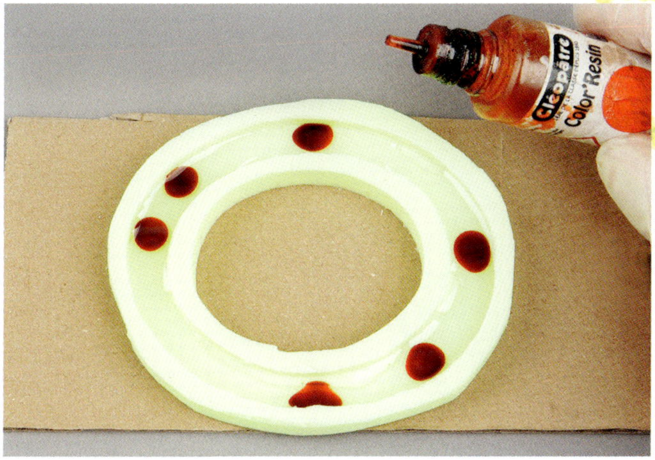

1. Wenig Kunstharz anmischen und eine dünne Schicht in die Armreif-Silikonform gießen. Der Boden soll nur dünn bedeckt sein. Einige Tropfen Color'Resin auf die Oberfläche geben. Härten lassen.

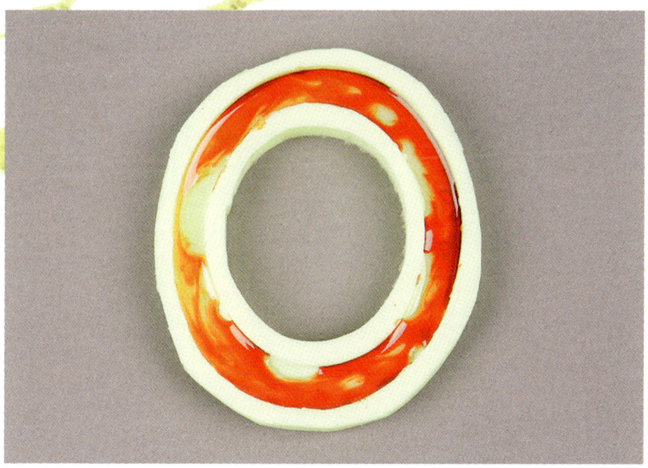

2. Nach 20 Std. hat sich die Farbe unregelmäßig verteilt.

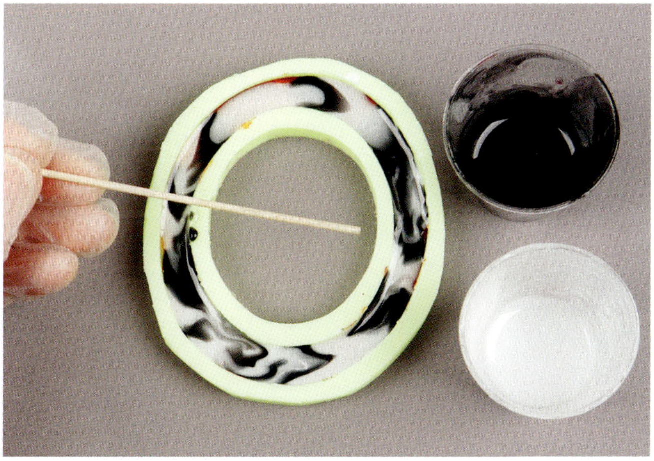

3. Wenig Kunstharz mischen und auf zwei Mischbecher verteilen. Die eine Portion wird weiß, die andere schwarz gefärbt. Kunstharz 20 Min. im Mischbecher vorgelieren lassen. Mit einem Holzstäbchen wird erst weiß, dann schwarz gefärbtes Kunstharz nebeneinander eingetropft. Die Oberfläche wird damit komplett bedeckt. In der Form sollte noch Platz für eine letzte Schicht vorhanden sein. Härten lassen.

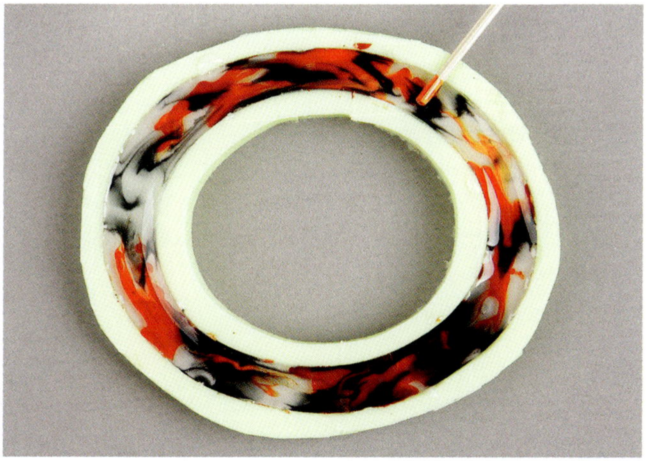

4. Wenig Kunstharz anmischen und in die Silikonform gießen, bis der Rand erreicht ist. Einige Tropfen Color'Resin auf die nasse Oberfläche geben. Zusätzlich lässt sich die Farbe mit dem Holzstäbchen noch etwas „verziehen". Härten lassen.

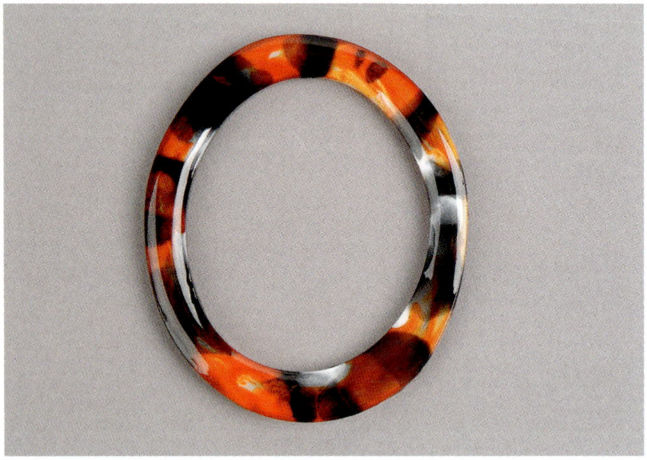

5. Armreif auslösen. So sieht der Farbeffekt auf der Unterseite aus.

6. Für die Nachbearbeitung wird die Gießseite des Armreifs grob geschliffen und mit einer dünnen Schicht Kunstharz laminiert, wie auf Seite 92 beschrieben. Die Mühe wird mit einer makellosen Oberseite belohnt, die der Unterseite in nichts nachsteht.

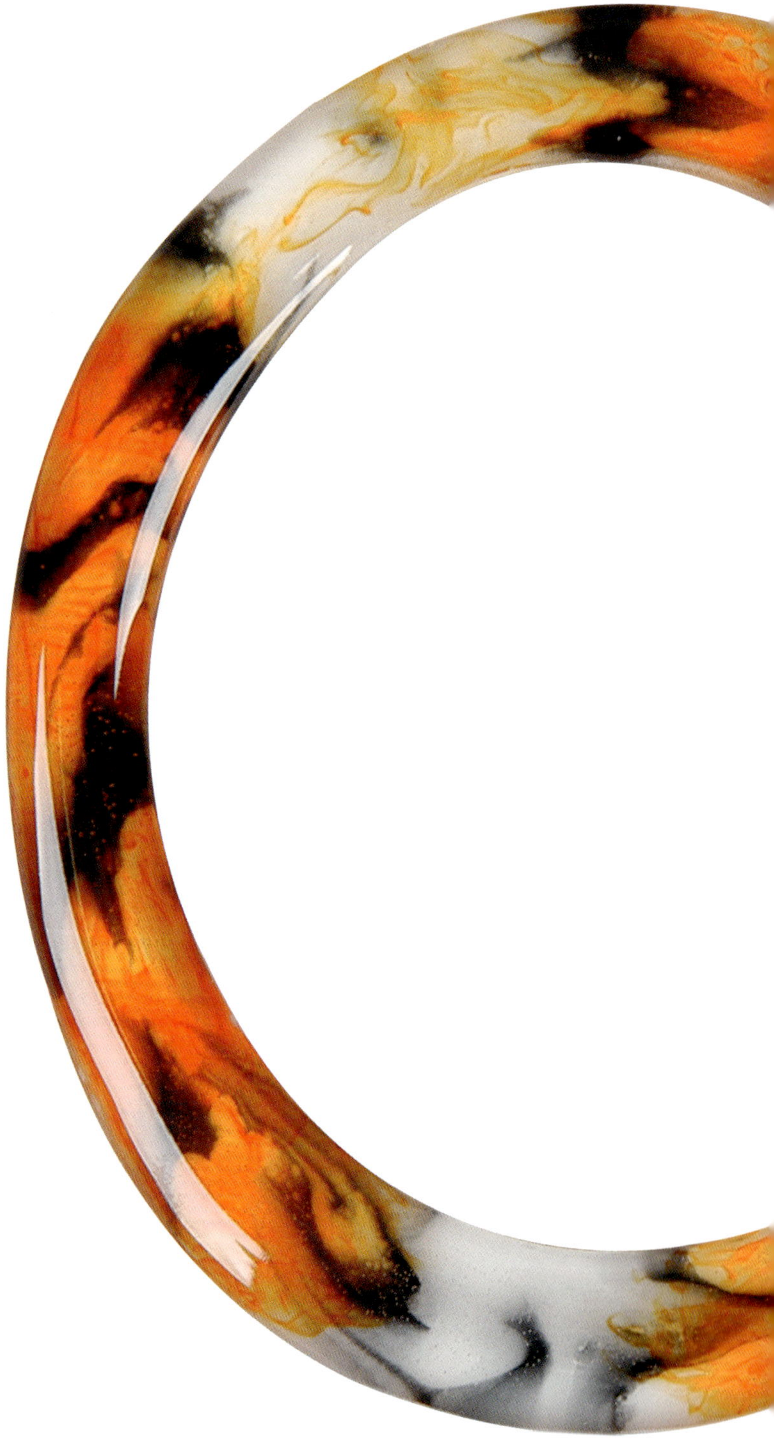

TIPP

Wenn kein Color'Resin zur Hand ist, lässt sich der Effekt auch nachahmen. Für die beiden äußeren Schichten gilt dann: Kunstharz mischen und einen Teil transparent einfärben. Ruhen lassen. Das transparent farbige Harz wird nur tropfenweise eingefüllt, die Lücken mit klarem Kunstharz ergänzt. Härten lassen.

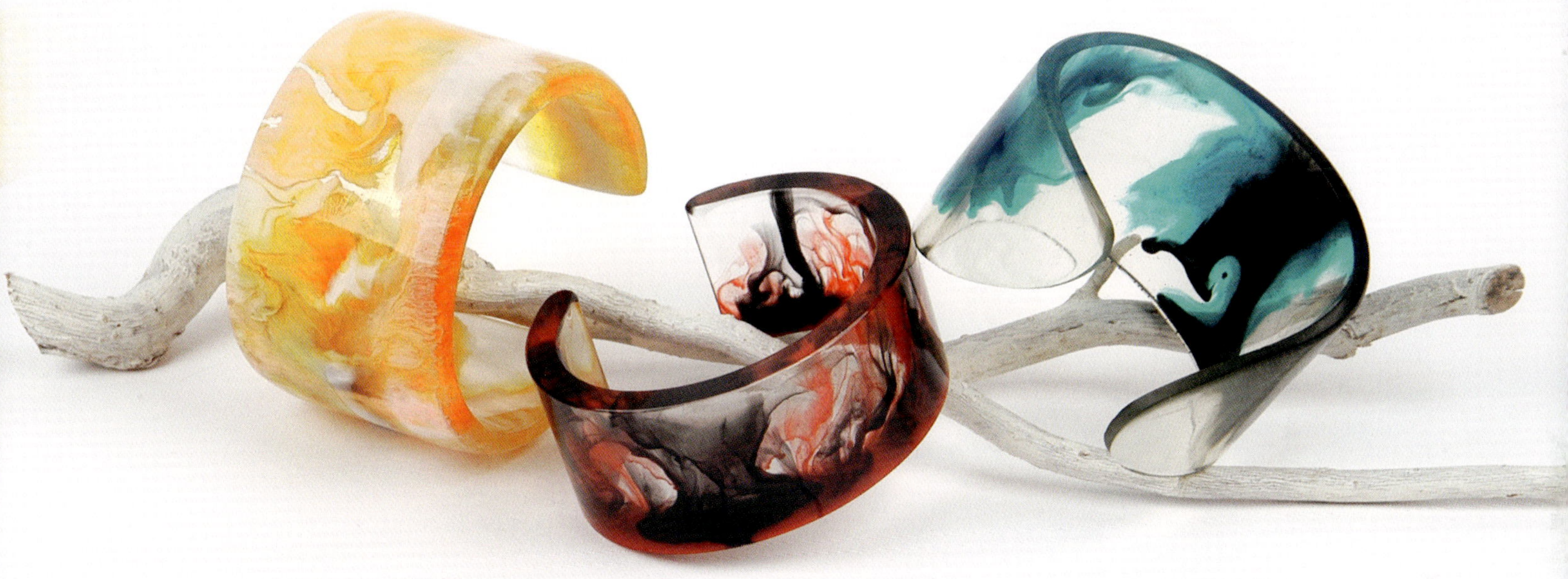

MARMORIERTER ARMREIF (BREIT)

Da Kunstharz die Tendenz hat, sich in der Fläche auszubreiten, funktioniert der Marmorier-Effekt bei flachen, breiten Gießlingen deutlich besser als bei hohen, schmalen Volumen. Um verlaufende Farbschlieren auch in hohen Schichten zu erzeugen, muss getrickst werden. Kunstharz wird gefärbt und geliert vor, bis es fast nicht mehr aus dem Mischbecher fließen mag, und wird erst dann zusammengebracht. Es wird primär mit klarem Kunstharz gearbeitet, gefärbtes Kunstharz wird nur sehr wenig eingesetzt.

Die hier genutzte Armreif-Manschette wird mit einer im Handel erhältlichen Silikonform und in nur einem Gießdurchgang umgesetzt. Von Vorteil sind halbtransparente Silikonformen, da man die Farbwirkung von außen erkennen kann.

Material:
Epoxidharz-System PRO
Silikonform Armreif breit
Acrylfarbe Schwarz und Pigment Rot

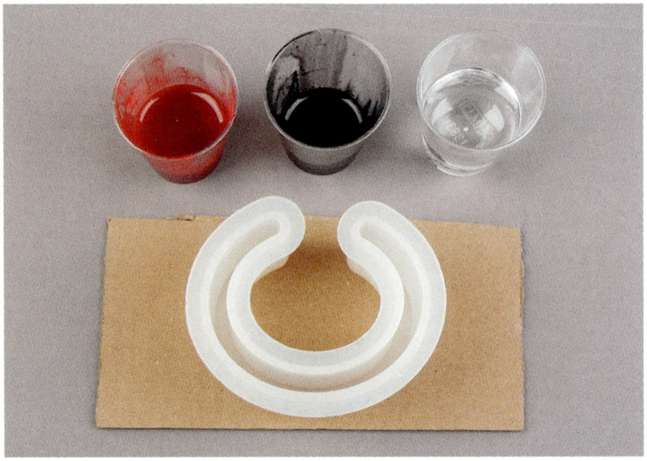

1. 80 g Kunstharz mischen. Davon zwei Portionen mit ungefähr 15 g abteilen und die eine blickdicht schwarz und die andere blickdicht rot färben. Alles in Reichweite stellen.

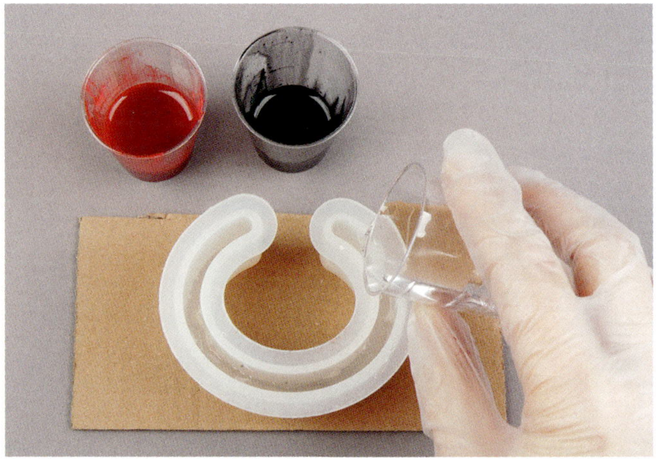

2. Zuerst wird klares Kunstharz in die Silikonform gegeben, bis sie zu zwei Dritteln gefüllt ist. Ein Rest klares Kunstharz wird zurückbehalten. 40 Min. warten, so können Luftblasen aus der Form aufsteigen – und das Kunstharz kann vorgelieren.

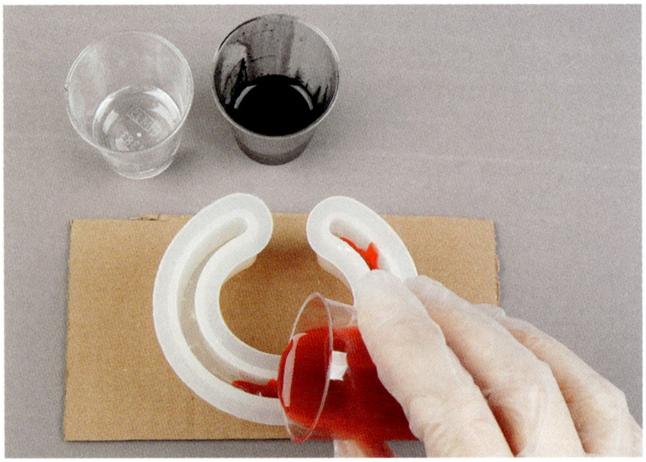

3. Rot gefärbtes Kunstharz in die Silikonform tropfen. Es soll keine gleichmäßige Farbschicht eingebracht werden, eher vereinzelte Tropfen mit Abstand und Lücken.

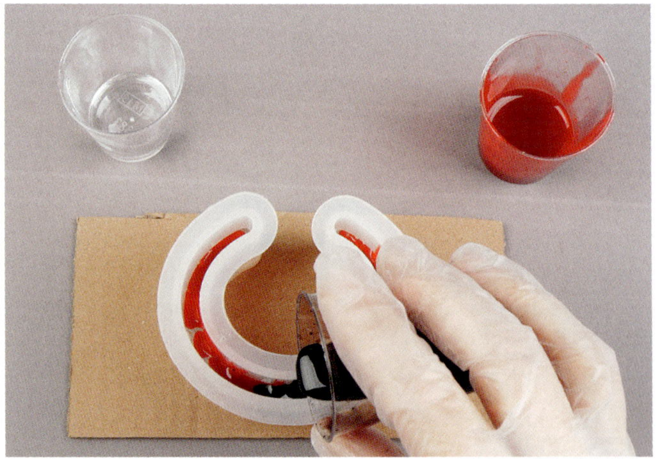

4. Schwarz gefärbtes Kunstharz eintropfen. Den Farbauftrag auf zwei bis drei Stellen konzentrieren.

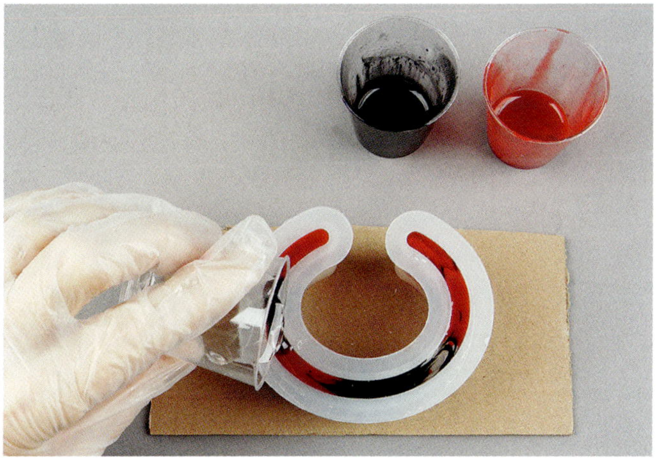

5. Klares Kunstharz eintropfen. Es lockert die farbigen Partien auf und sorgt für zusätzliche „Lücken“, daher gezielt an wenigen Stellen einfüllen und nicht gleichmäßig. Aufgießen, bis die Silikonform bis zum Rand gefüllt ist und das Kunstharz leicht übersteht.

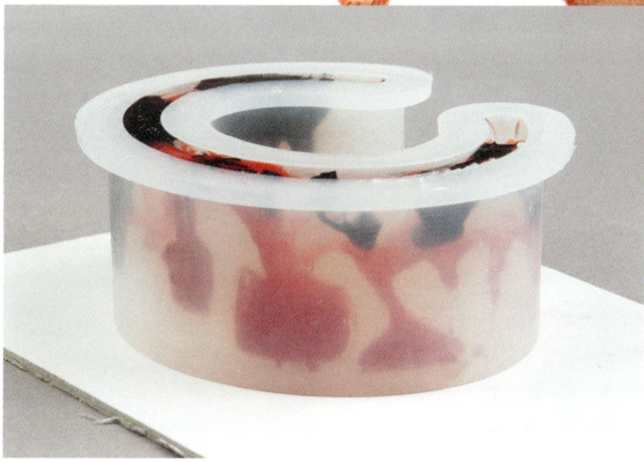

6. Direkt nach dem Einfüllen wirkt der Farbauftrag noch sehr übersichtlich – dann ist es perfekt. Härten lassen.

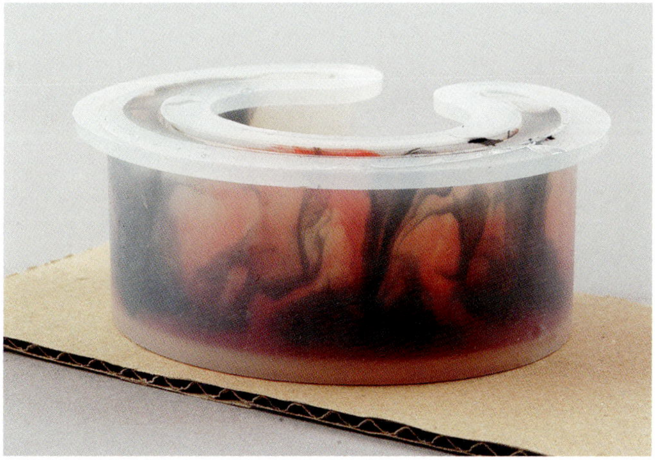

7. Nach 20 Std. hat sich das farbige Kunstharz innerhalb der Form verteilt. Der Armreif wirkt dadurch deutlich farbiger.

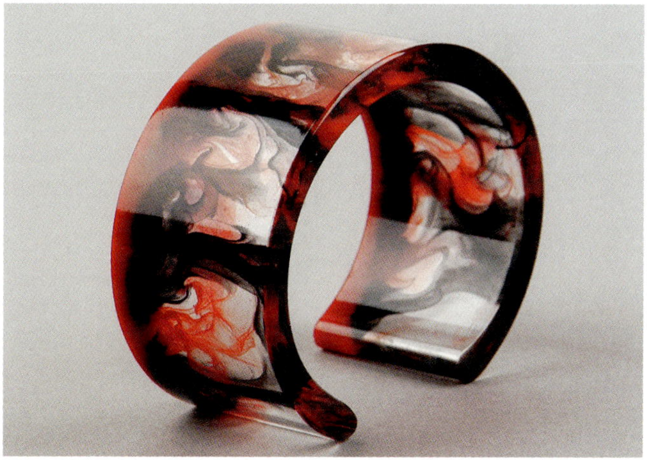

8. Nach dem Ausformen werden der Gießrand und die angrenzenden Kanten von Hand geschliffen und poliert, siehe Seite 92. So sieht der Armreif nach der Bearbeitung aus.

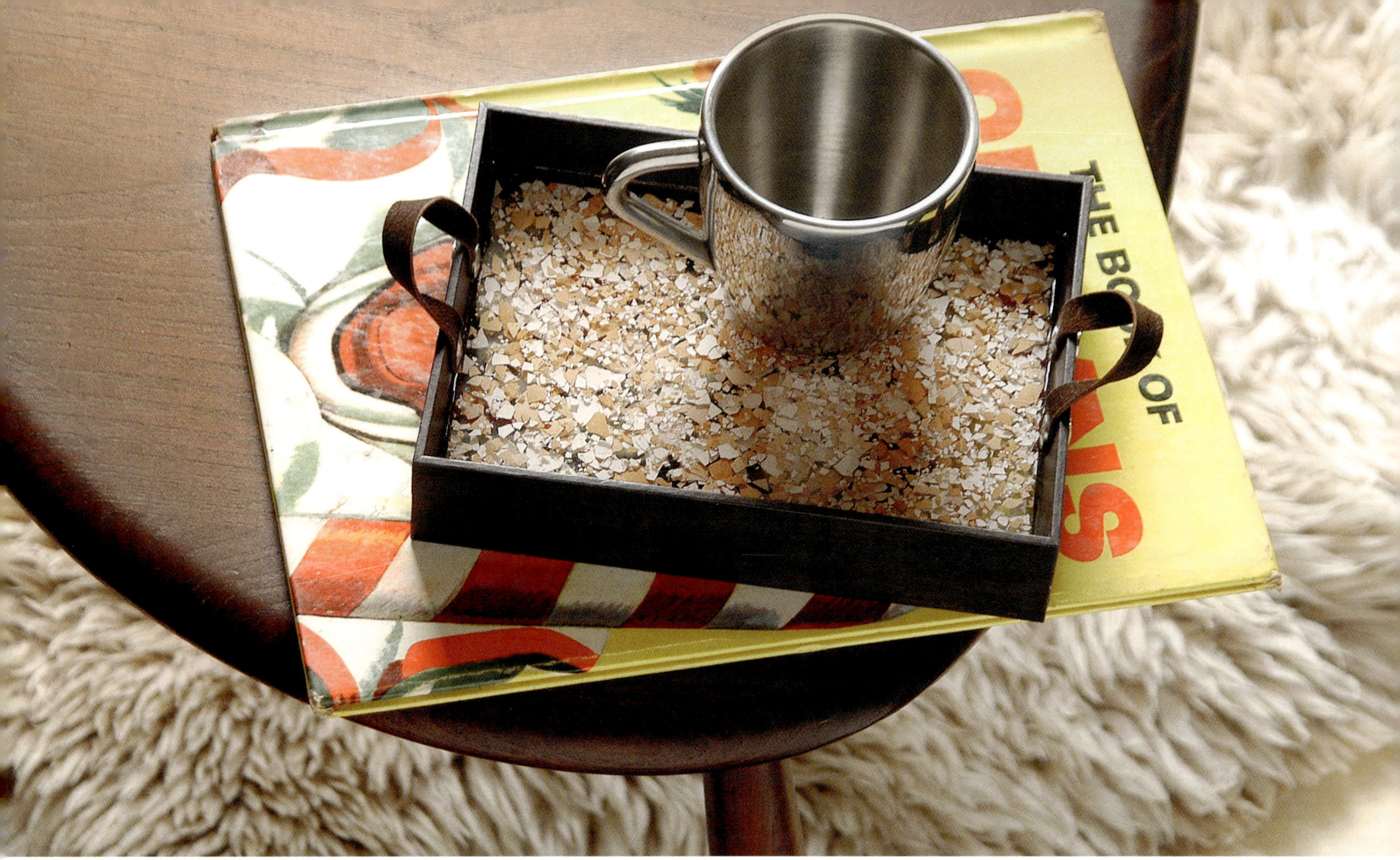

TERRAZZO-TABLETT

Die Tüftelei, welches Objekt oder Fundstück sich eignet, um Kunstharz darauf- oder hineinzugießen, ist eine meiner liebsten Denksportaufgaben. Das kleine Tablett, gerade groß genug für ein Getränk nebst Snack, wurde aus einem Bilderrahmen umfunktioniert. Die Glasscheibe dient als Boden, fein zerstoßene Eierschalen sorgen für einen steinähnlichen Look. Für die Einbettung können auch andere, flache Elemente genutzt werden, wie Blüten oder Fotos. Das Tablett wird mit zwei bis drei Schichten Kunstharz umgesetzt und erhält den letzten Schliff durch Henkel aus Leder, die mit Buchbinderschrauben am Rahmen festgeschraubt werden.

Material:
Epoxidharz-System ECO
Bilderrahmen ca. 14 x 19 cm mit schmaler, hoher Rahmenleiste und herausnehmbarer Rückwand
Tesa Perfect Gewebeband zum Abdichten des Bilderrahmens
Braune Eierschalen, zerstoßen (alternativ andere flache Objekte)
2 Stücke Leder im Format 1,5 x 13 cm
4 Buchbinderschrauben (Höhe = Rahmenleiste plus Dicke des Leders)
Minibohrer mit großer Bohrspitze, runde Metallfeile, Schere, Stift

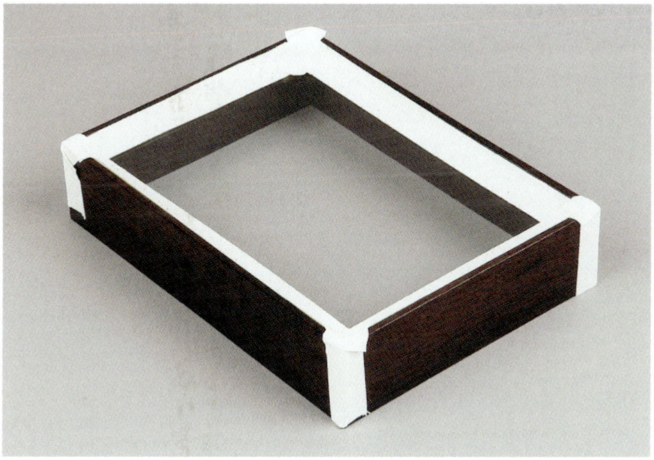

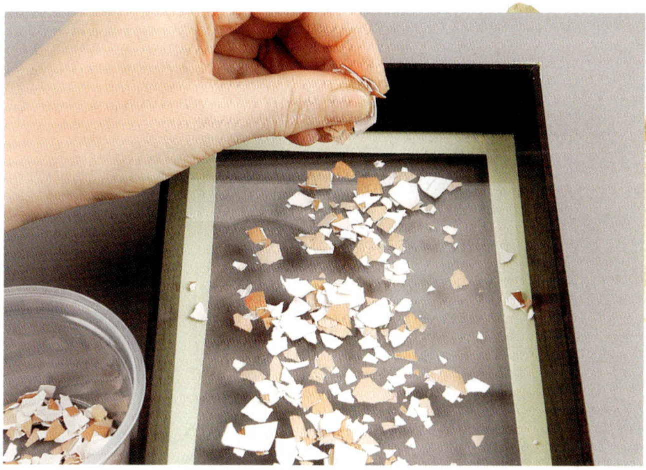

1. Aus dem Bilderrahmen die Rückwand herausnehmen und entsorgen. Den Rahmen mit der Rückseite nach oben auf die Arbeitsfläche legen. Mit dem Klebeband wird die Glasscheibe am Rahmen festgeklebt, aber insbesondere jede Ritze abgedichtet. Ebenfalls werden Ecken des Rahmens auslaufsicher abgeklebt.

2. Bilderrahmen mit der abgeklebten Seite nach unten auf die Arbeitsfläche legen. Eine erste Schicht zerstoßene Eierschalen auf die Glasscheibe bröseln.

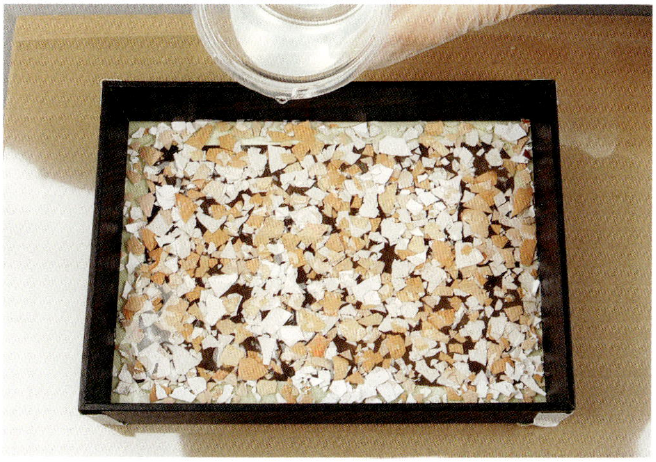

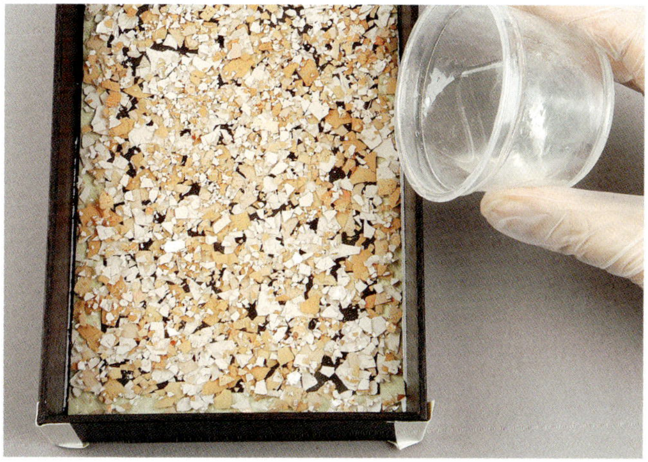

3. Eine mittlere Portion Kunstharz mischen und auf die Eierschalen gießen, sodass diese bedeckt sind. Härten lassen.

4. Um den Boden des Tabletts stabiler und die Wirkung des Terrazzo-Effekts räumlicher zu gestalten, wird eine zweite Schicht Eierschalen – feiner zerstoßen – aufgebracht. Eine mittlere Portion Kunstharz mischen, gießen und härten lassen.

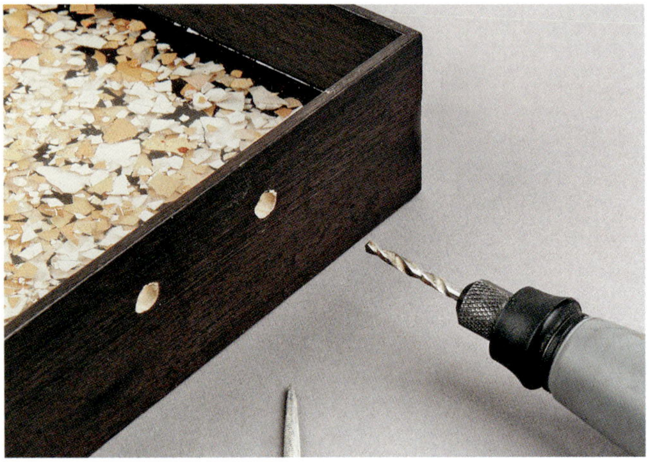

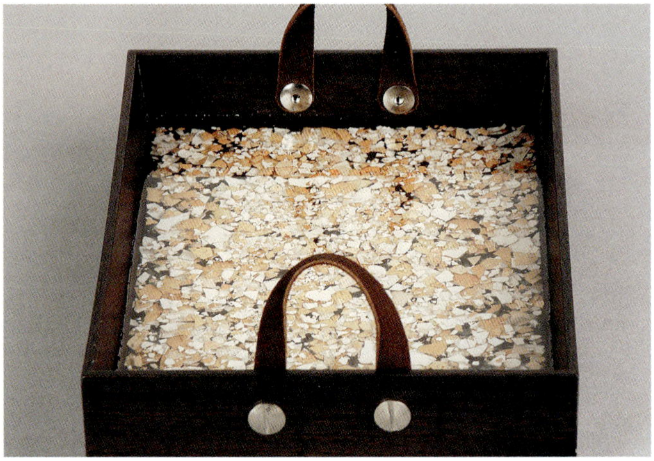

5. Falls einige Eierschalen an die Oberfläche gestiegen sind, kann eventuell eine dritte Schicht Kunstharz nötig sein, um eine makellose Oberfläche zu erhalten. Mischen, auftragen und härten lassen. Das Klebeband abziehen.

Zeichne die Platzierung für die Lederschlaufen an der Rahmenleiste an und bohre die Löcher mit dem Minibohrer. Damit die Buchbinderösen passen, die Löcher mit der Metall-Rundfeile vergrößern.

6. In die Enden der Lederstreifen wird mit der Schere ein kleiner Schlitz geschnitten. Den Stift der Buchbinderschraube von vorne durch das Loch im Bilderrahmen stecken, Lederband von innen auf den Stift stülpen und den Stift mit dem Rückteil der Buchbinderschraube verschrauben.

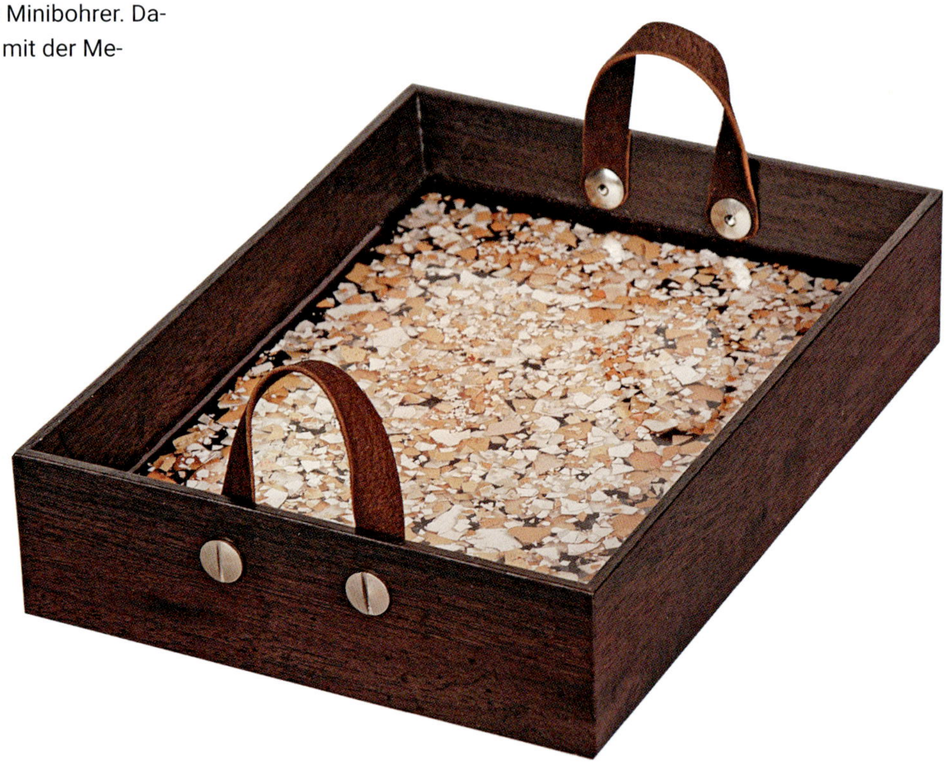

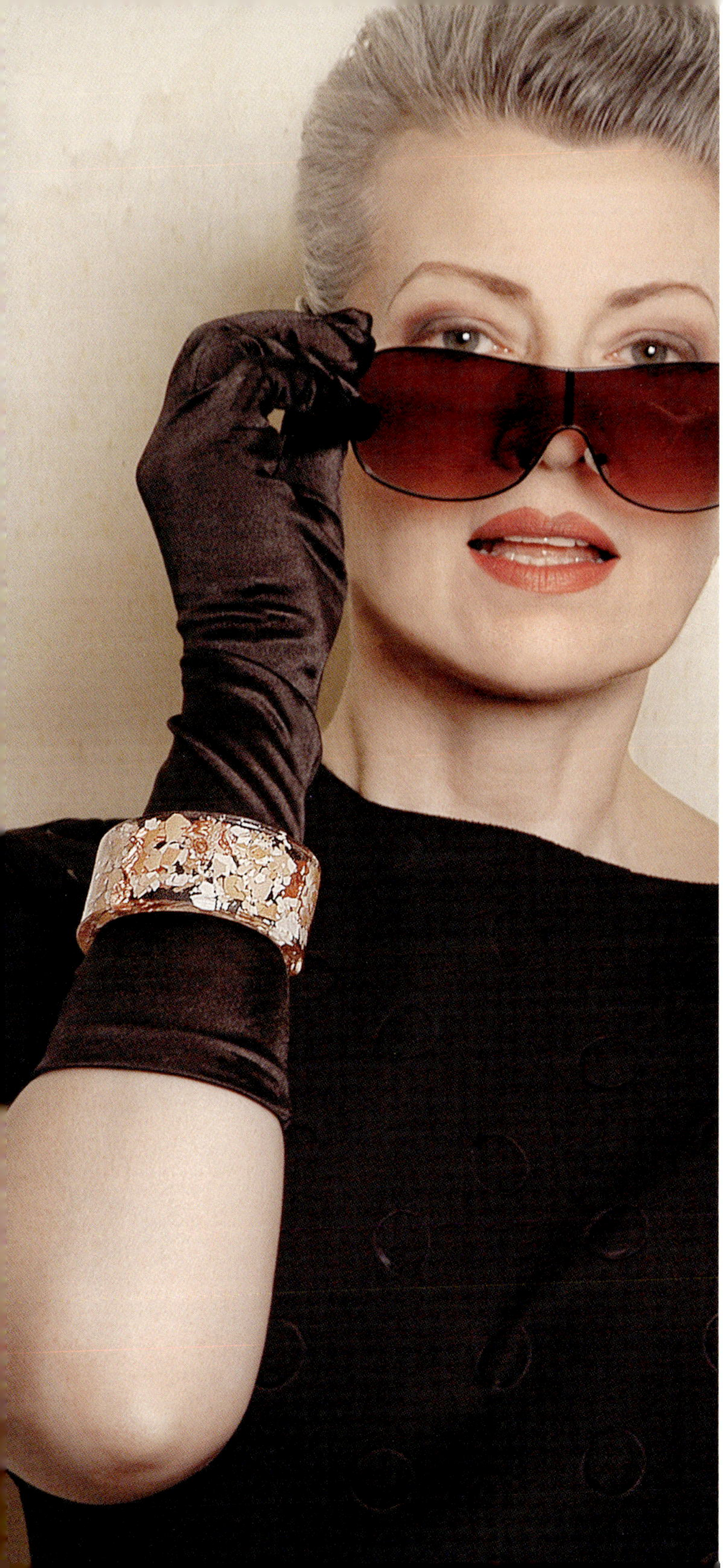

TERRAZZO-ARMREIF

Ähnlich wie beim Marmorier-Effekt lassen sich Einbettungen von flachen Gießformen nicht nahtlos auf andere Gießformen übertragen. Um beispielsweise Eierschalen in einem breiten Armreif zum „Schweben" zu bringen, wird ein Trick benutzt: Diese werden in einem Arbeitsschritt vorab mit Kunstharz zu kleinen Gruppen „zusammengeklebt".

Die gehärteten Gruppen werden senkrecht in die Silikonform gesteckt und der Armreif mit nur einer Schicht klarem Kunstharz gegossen. Es sind später keine Ränder zu erkennen, die Einbettung wirkt absolut „schwerelos".

Material:
Epoxidharz-System PRO
Armreif-Silikonform breit
Zerstoßene Eierschalen, Nudel-Buchstaben, kupferfarbenes Schlagmetall
Pinzette
Holzstäbchen
Stabfeuerzeug
Acrylfarbe Kupfermetallic, Pinsel
Overheadfolie

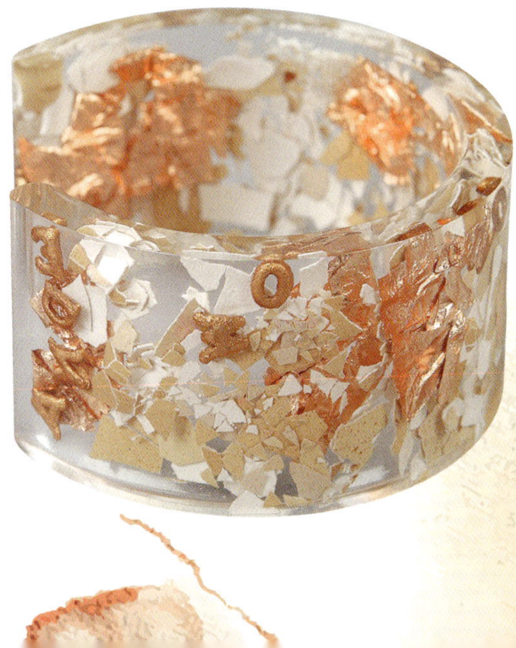

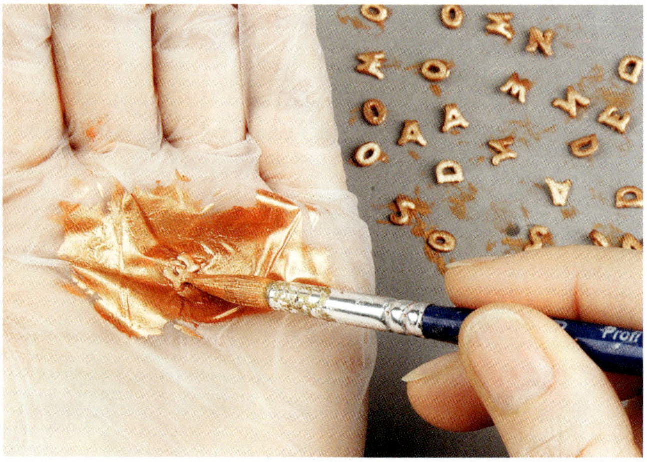

1. Die Nudel-Buchstaben werden mit Acrylfarbe Kupfermetallic angepinselt. Das geht am besten, wenn die Buchstaben auf die gekrümmte Handinnenfläche gelegt werden. Ein Einmalhandschuh sorgt für eine saubere Hand. Buchstaben rundherum anmalen und auf einem Stück Overheadfolie trocknen lassen.

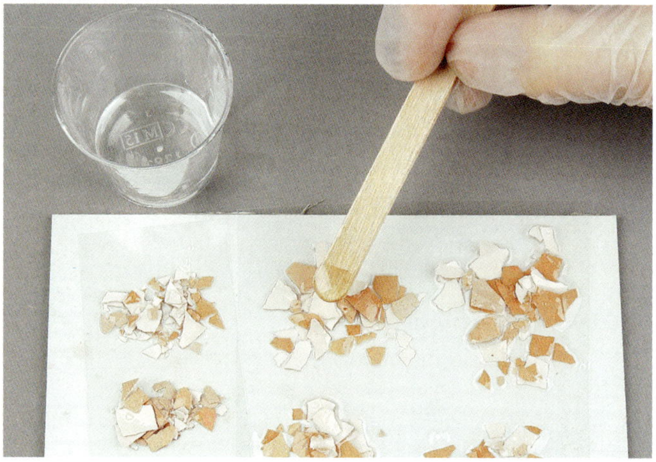

2. Kunstharz mischen. Staubfreie Overheadfolie unterlegen. Eierschalen-Krümel zu Ein-Euro-großen Gruppen zusammenschieben. Mit zwei bis drei Tropfen Kunstharz mittig beträufeln.

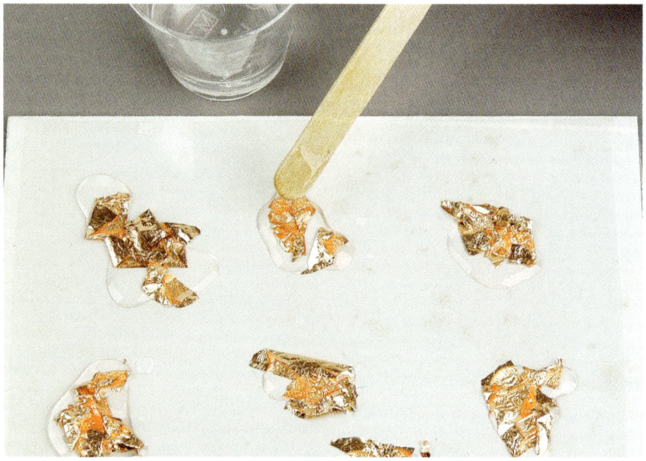

3. Stücke vom Schlagmetall flach auf die Overheadfolie legen. Mit Kunstharz beträufeln.

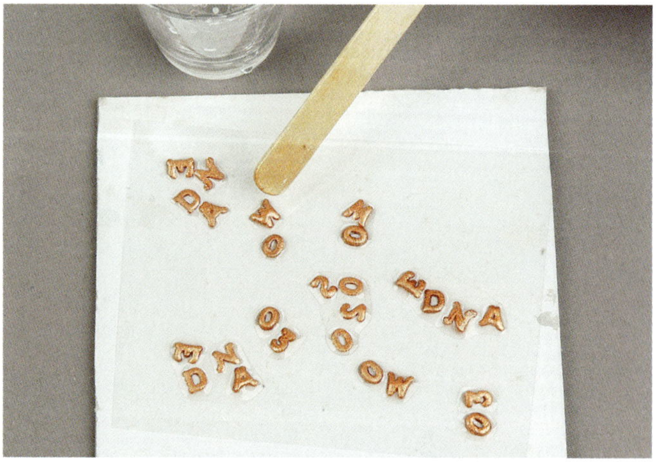

4. Nudel-Buchstaben zu kleinen Textgruppen zusammenlegen. Mit Kunstharz beträufeln. Die Gruppen 2 Tage härten lassen.

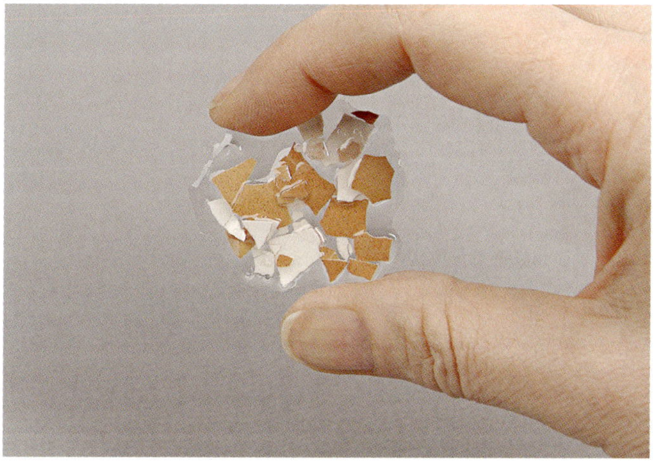

5. Von der Overheadfolie lassen sich die Gruppen als stabile Elemente rückstandsfrei und mit glänzenden Oberflächen ablösen. Das Kunstharz hat einen hauchdünnen, transparenten Rand um die einzelnen Elemente gebildet.

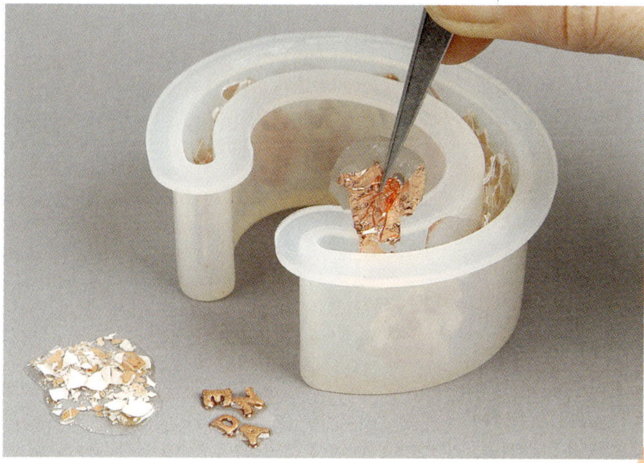

6. Die Gruppen werden mit der Pinzette in der Silikonform platziert, sodass sie sich teilweise überlappen.

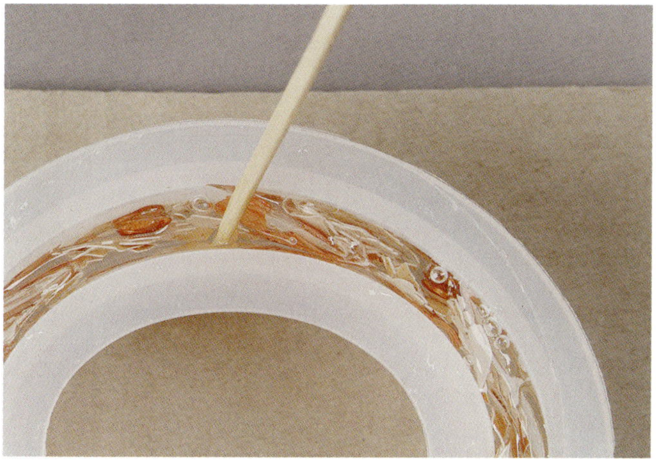

7. 80 g Kunstharz mischen. Mit einem dünnen Strahl in die Silikonform füllen, bis diese zu zwei Dritteln gefüllt ist. Mit einem dünnen Holzstäbchen eng an der Silikon-Innenseite entlangfahren, damit eingeschlossene Luft entweichen kann. Danach kontrollieren, ob die einzelnen Gruppen rundum von Kunstharz umspült werden. Luftblasen bei Bedarf mit dem Stabfeuerzeug verscheuchen.

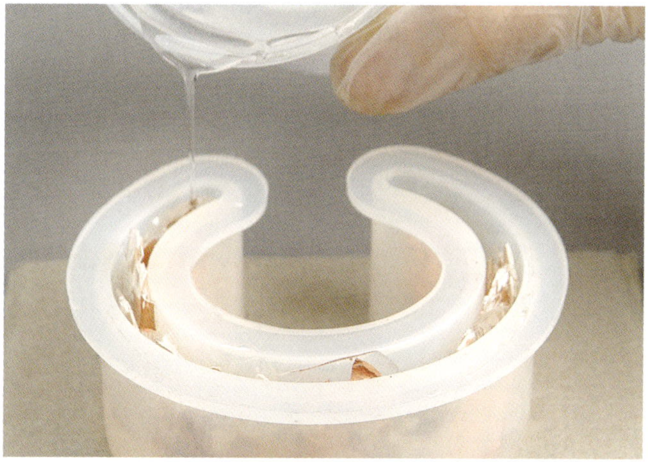

8. Mit Kunstharz aufgießen, bis die Form gefüllt ist und am oberen Rand leicht übersteht. Härten lassen.

9. Nach dem Ausformen werden der Gießrand sowie die Innen- und Außenkante des Armreifs von Hand geschliffen und poliert, siehe Seite 92.

Formenbau und

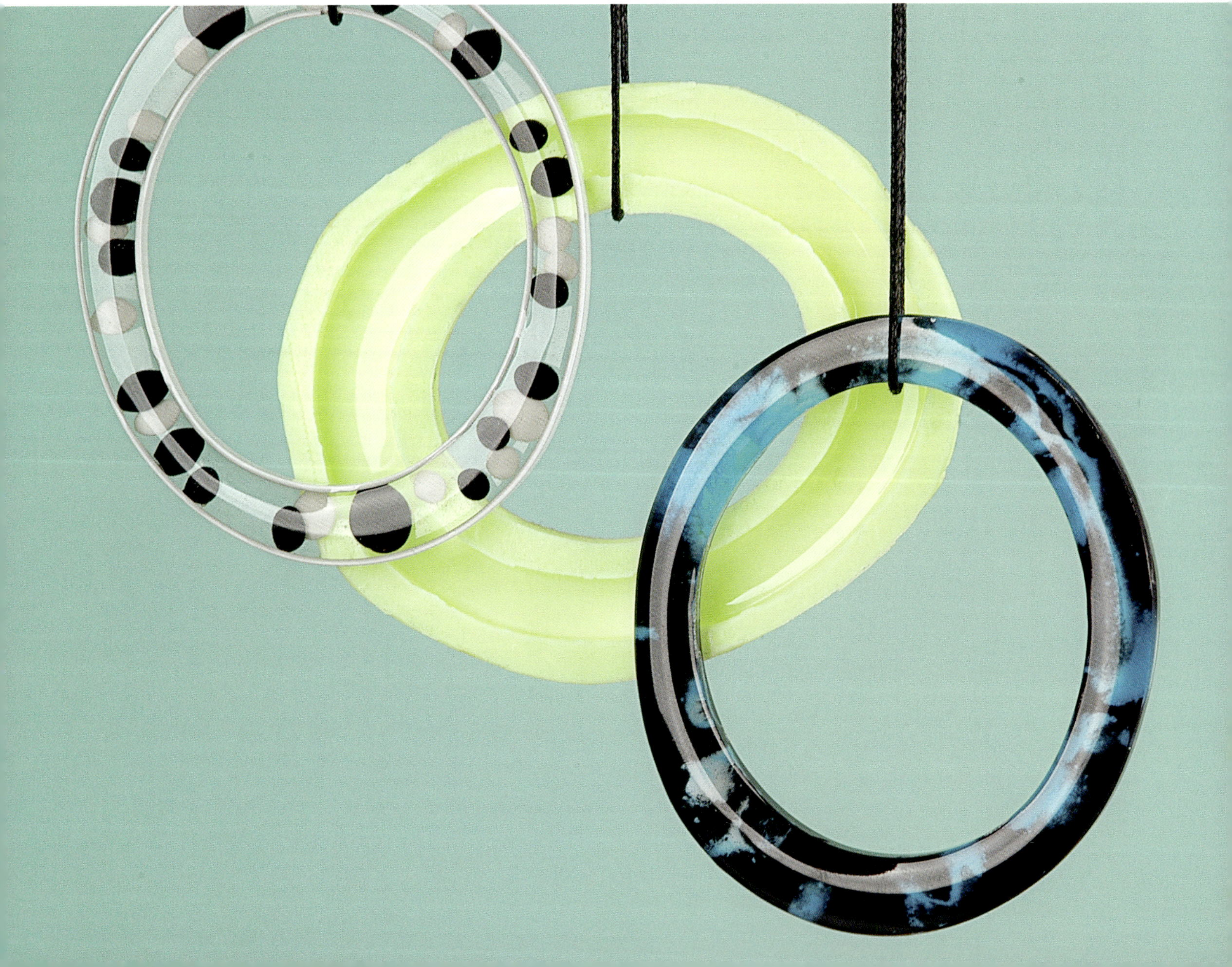

Konstruktion

SILIKONFORM ARMREIF FLACH

Wir starten mit der ersten Anleitung für eine selbst gemachte Silikonform. Als Vorlage dient der Draht-Armreif mit Punkten von Seite 42. Er eignet sich wegen dem hochglänzenden Finish ideal für das Abformen mit Silikon, die Kunstharz-Duplikate erhalten damit eine ebensolche Oberfläche. Wie die Eingießfläche von Gießlingen aus dieser Form nachbearbeitet wird, ist auf Seite 92 zu finden.

Da der Armreif eine einfache Form mit senkrechten Seitenwänden hat, wird das mittelharte Silikon Addition Yellow 25 verwendet. Der „Gießkasten" wird mit Heißkleber und dünnem Karton passend auf das Format des Armreifs zusammengeleimt. Das ergibt dünne Silikonwände, erleichtert das Ausformen und spart Material. Der Heißkleber verhindert das Auslaufen von Silikon, die Klebenähte sollten ausreichend dick aufgetragen werden.

Material:
Armreif als Vorlage
Silikon Addition Yellow 25
Dünner und dicker Karton
Klebeband, Doppelklebeband
Heißklebepistole
Schere, Cutter

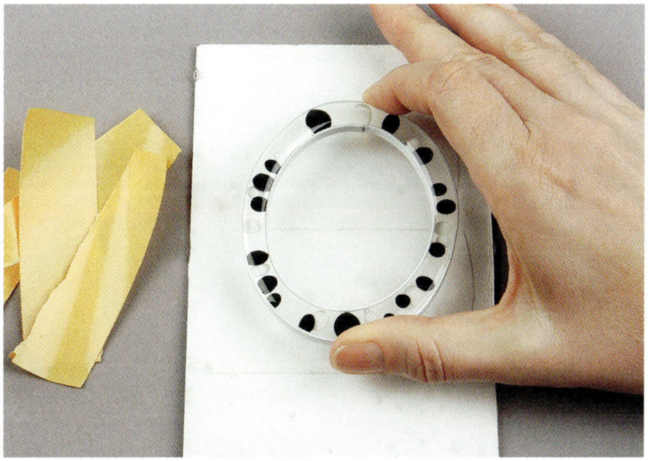

1. Als Bodenfläche wird ein Stück Pappe benötigt, das größer ist als der Vorlagen-Armreif. Mit zwei Streifen Doppelklebeband wird dieser vollflächig auf die Mitte des Kartons geklebt.

2. Aus dünnem Karton 4 cm breite Streifen abschneiden. Einen zu einem Ring gelegten Kartonstreifen innerhalb der Armreif-Öffnung positionieren. Den Kartonring in der richtigen Größe justieren: Zwischen Armreif und Karton sollte rundherum 1 cm Abstand sein. Nun die sich überlappenden Enden des Kartonstreifens mit Klebeband fixieren. Der Kartonring wird in der richtigen Position mit Heißkleber von der Innenseite angeklebt.

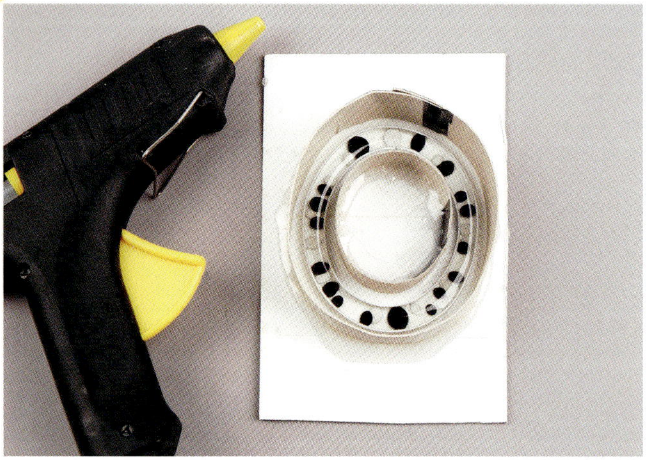

3. Für die äußere Wandung wird ein zweiter Kartonstreifen benötigt, der größer als der Armreif ist und noch überlappt. Die Größe so justieren, dass 1 cm Abstand zwischen Armreif und Kartonring ist, und die Karton-Enden mit Klebeband fixieren. Der Heißkleber wird von der Außenseite des Kartonrings aufgetragen.

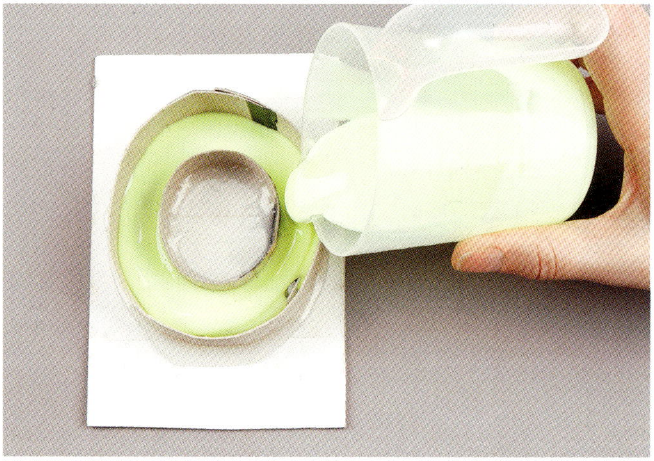

4. Für eine Silikonform dieser Größe werden 80 g Silikon gemischt. Das Silikon mit einem dünnen Strahl zwischen die beiden Kartonringe füllen, bis der Armreif völlig bedeckt ist und nicht mehr durchschimmert. Über Nacht härten lassen.

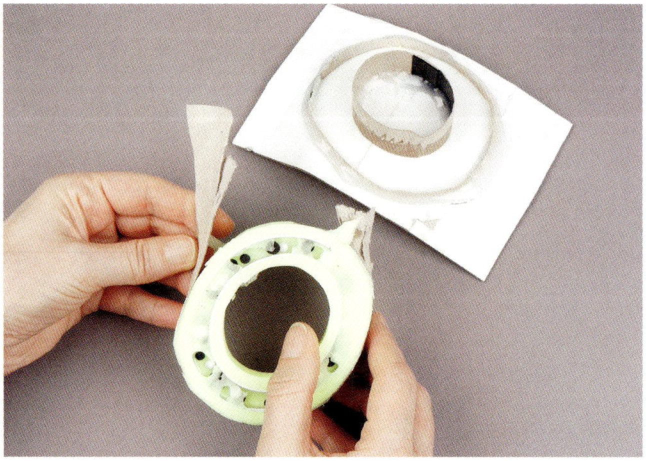

5. Zum Ausformen werden zuerst die Bodenplatte und dann die Kartonstreifen vom Silikon abgelöst.

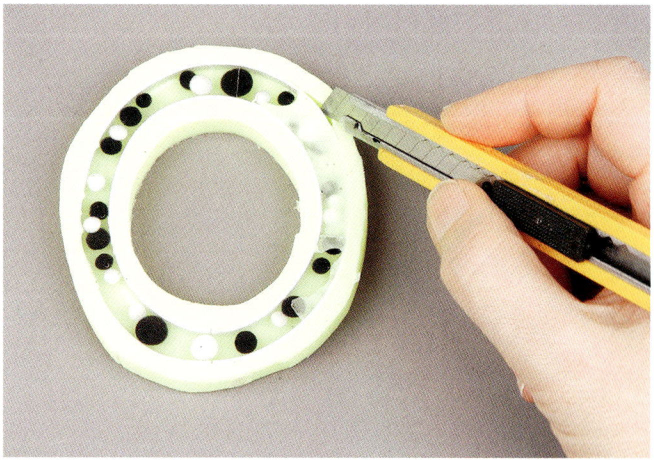

6. Möglicherweise ist etwas Silikon unter den Armreif geflossen. Mit dem Cutter vorsichtig senkrecht zwischen Armreif und Silikonrand entlangschneiden und das überschüssige Silikon entfernen. Dabei nicht zu tief einschneiden, um die Oberfläche des innenliegenden Armreifs nicht zu zerkratzen. Armreif herausnehmen.

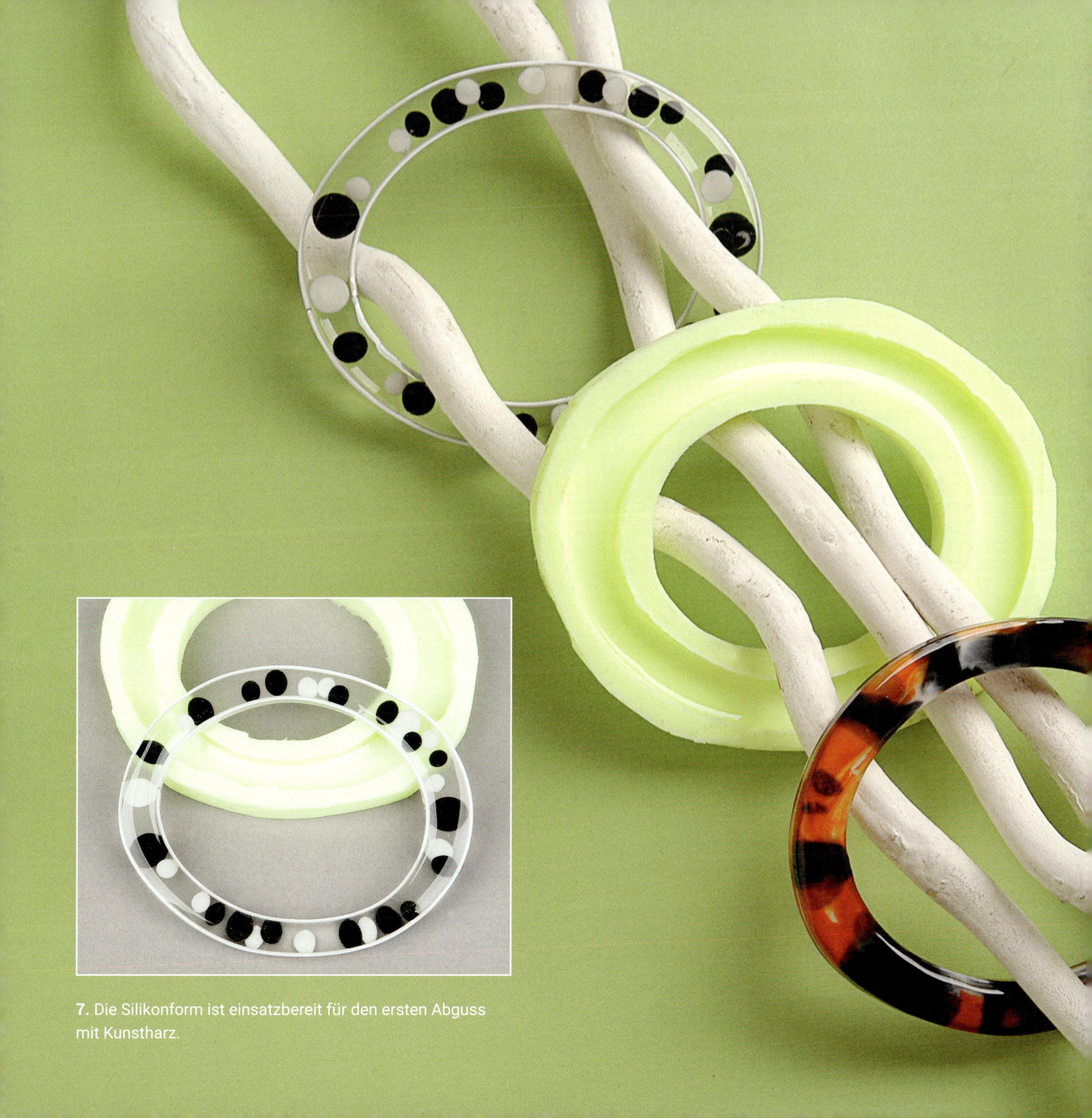

7. Die Silikonform ist einsatzbereit für den ersten Abguss mit Kunstharz.

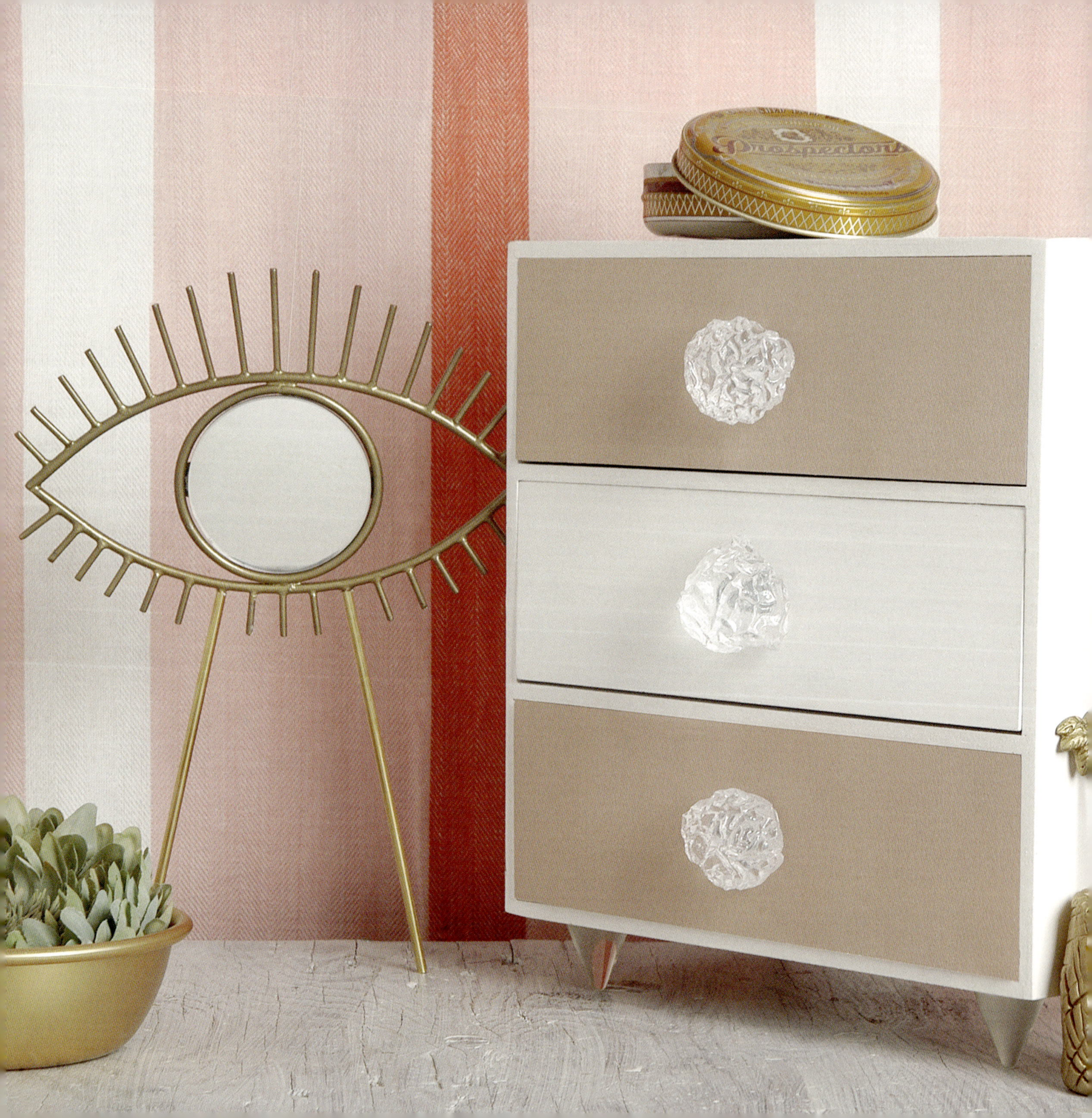

SILIKONFORM / KRISTALL-MÖBELGRIFFE

Die nachfolgende Anleitung erläutert die Anfertigung von Silikonformen für Möbelgriffe. Die Vorlage: getrocknete Passionsfrucht-Schalen, die eine stark strukturierte Oberfläche aufweisen. Eine simple Umsetzungsidee mit Kunstharz ist, die Knöpfe mit transparentem Harz zu gießen. Durch die kristallähnlichen Facetten erinnern die transparenten Möbelgriffe an grobe Eisklumpen, an denen ich mich nicht sattsehen kann.

Aufgrund der gekerbten Oberfläche wird mit dem Silikon Addition Pink 10 gearbeitet, dieses lässt sich umstülpen, was das Ausformen erleichtert. Der „Kasten" für die Silikonform wird aus dünnem Karton und Heißkleber passgenau zusammengesetzt.

Material für die Silikonform:
Trockene Schalen von Passionsfrüchten
Sprühlack, glänzend
Silikon Addition Pink 10
Dünner Karton, Klebeband, Heißklebepistole

Material für die Möbelgriffe:
Epoxidharz-System PRO
M4 Gewindehülsen mit passenden Schrauben
Tesafilm, Metallfeile, Cutter

Silikonform

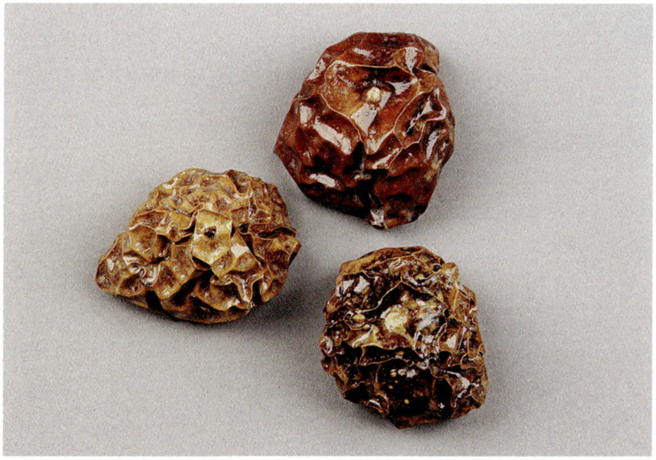

1. Passionsfrüchte werden halbiert und genüsslich verspeist. Die Schalen werden 14 Tage an der Luft getrocknet. Möglichst ähnlich große Schalen aussuchen, die kuppelförmig gewölbt sind. Um die matte Oberfläche zum Glänzen zu bringen, wird sie mit Sprühlack hochglänzend lackiert. Trocknen lassen. Bei Bedarf die Lackierung wiederholen.

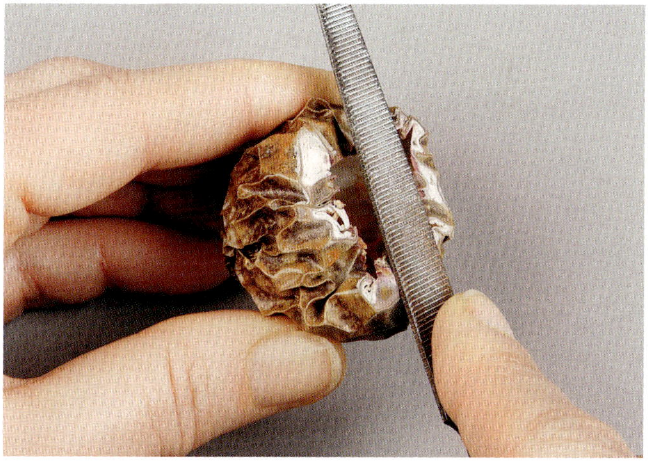

2. Die halbierten Fruchtschalen sollen am Rand bündig abschließen. Der wellige Rand wird mit der Metallfeile plan geschliffen.

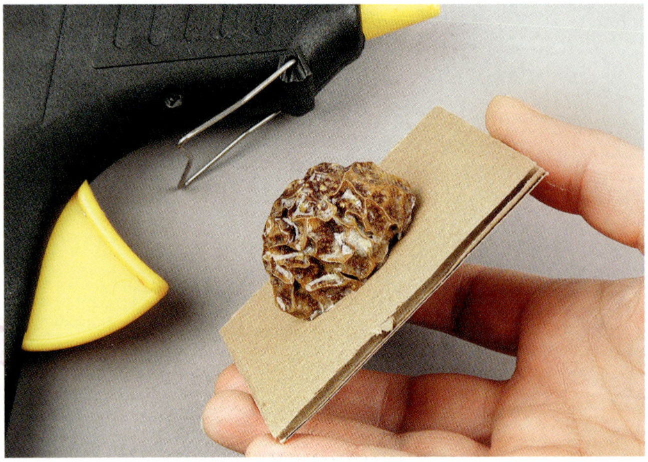

3. Für den Gießkasten benötigt man einen Karton als Bodenplatte, der größer als die Passionsfrucht-Schale ist. Damit kein Silikon unter den Schalenrand fließt, wird die Schale mit Heißkleber befestigt. Der Heißkleber wird dick auf die innere Schalenkante aufgetragen, die Schale dann mittig auf den Karton gestürzt.

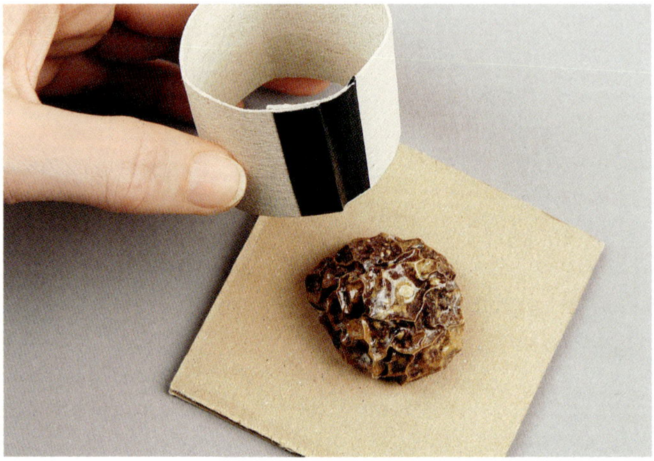

4. Einen dünnen Streifen Karton abschneiden, der in der Breite höher als die Fruchtschale ist. Damit einen Kartonring biegen und diesen um die Passionsfrucht legen. Zwischen Ring und Passionsfrucht sollte 1 cm Platz sein. Die sich überlappenden Kartonenden mit Klebeband fixieren.

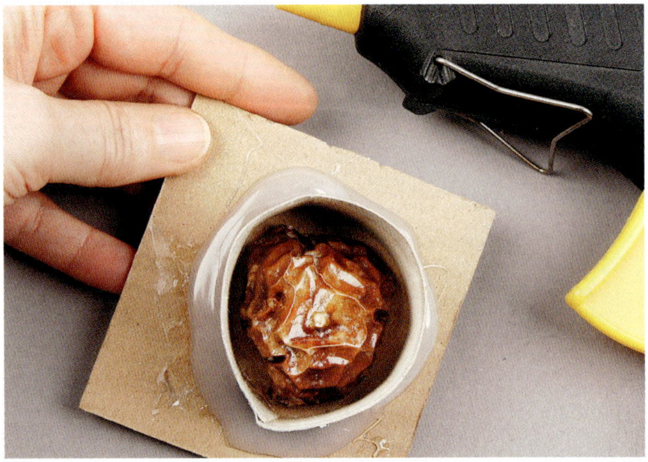

5. Der Kartonring wird um die Passionsfrucht platziert und mit einer Hand von oben angedrückt. Mit der anderen Hand wird der Kartonring mit dem Heißkleber auslaufsicher auf die Bodenplatte geleimt. Alle Leimnähte prüfen.

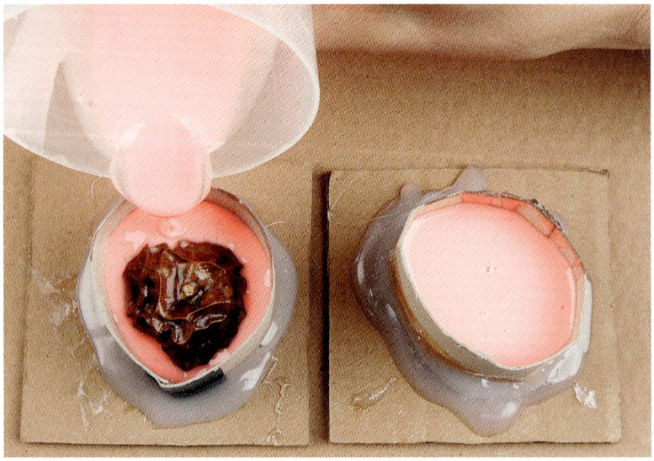

6. Pro Form werden 40 g Silikon benötigt. Die benötigte Menge mischen und mit einem dünnen Strahl in den Kartonring füllen, sodass die Schale bedeckt und nicht mehr sichtbar ist. Über Nacht härten lassen.

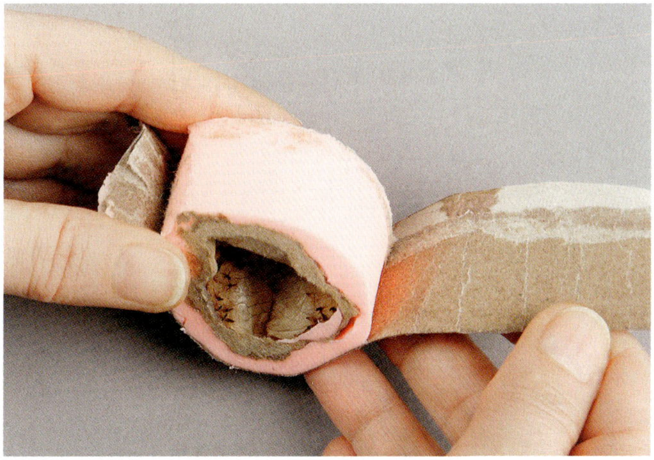

7. Zum Entformen erst die Bodenplatte ablösen, dann den Kartonring abziehen.

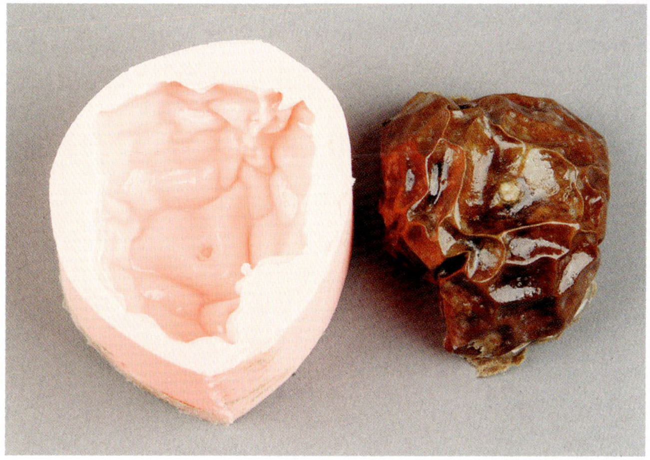

8. Um die Passionsfrucht-Schale auszulösen, wird zuerst das Silikon rund um die Schale abgespreizt. Wenn Luft zwischen Silikon und Schale kommen kann, lässt sich die Schale ganz einfach herausnehmen.

Kristall-Möbelgriffe

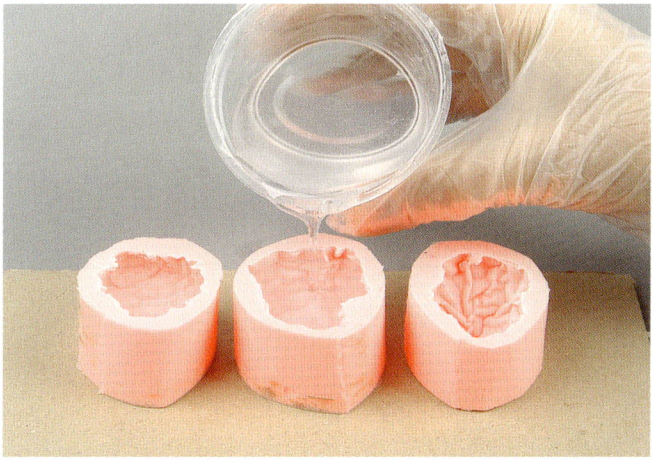

1. Pro Griff werden 30 g Kunstharz benötigt. Das Kunstharz mischen und die Silikonform bis knapp unter den Rand füllen. Härten lassen.

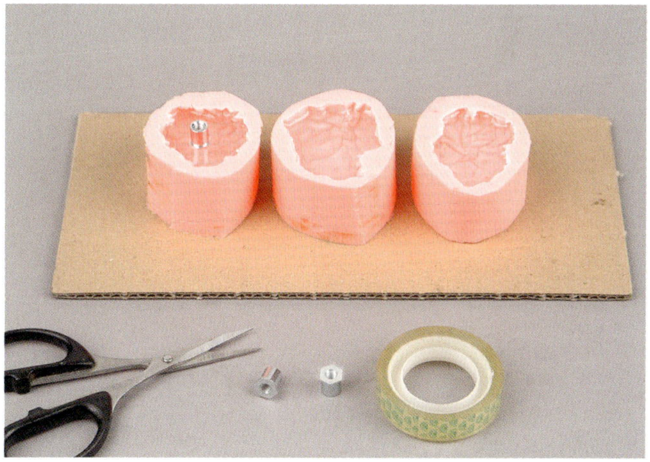

2. Die untere Fläche der Gewindehülse mit einem Schnipsel transparentem Tesafilm gegen Einlaufen versiegeln. Gewindehülse mittig auf der gehärteten Oberfläche positionieren; sie steht über die Silikonform hinaus, so lässt sich der Griff besser greifen.

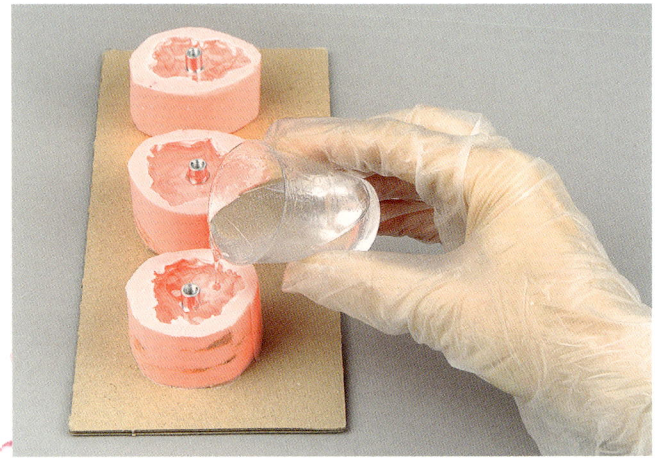

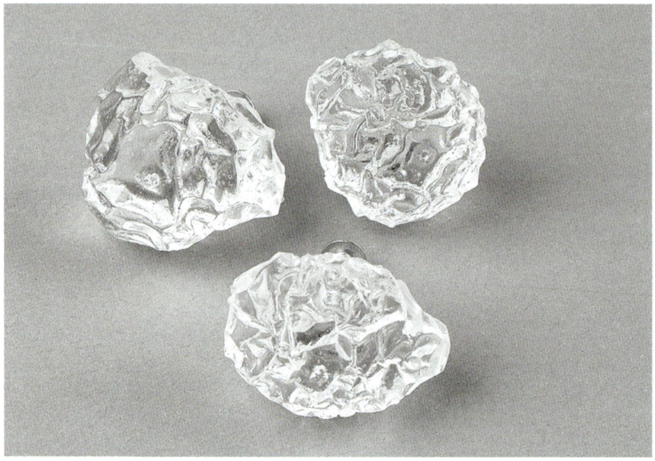

3. Kunstharz mischen und die Silikonform bis zum Rand füllen. Härten lassen. Nach dem Entformen den scharfkantigen Rand mit dem Cutter glätten.

4. Die Kristall-Möbelgriffe werden jedes Möbelstück veredeln.

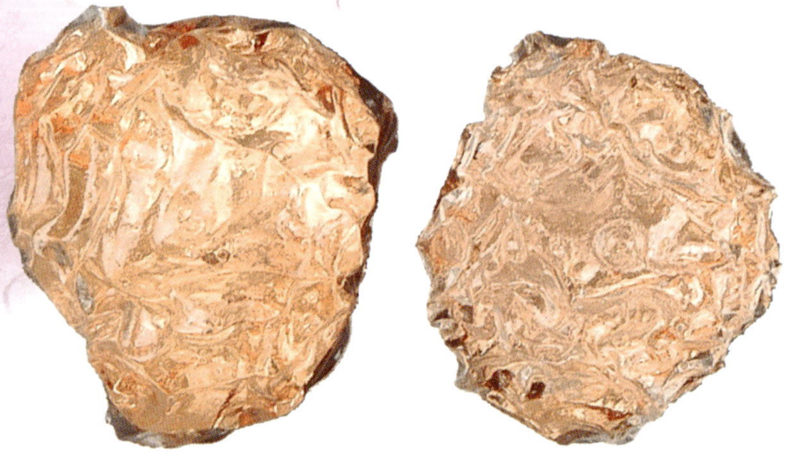

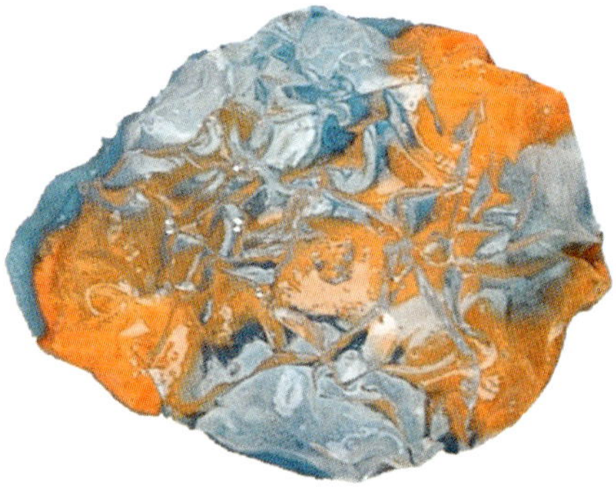

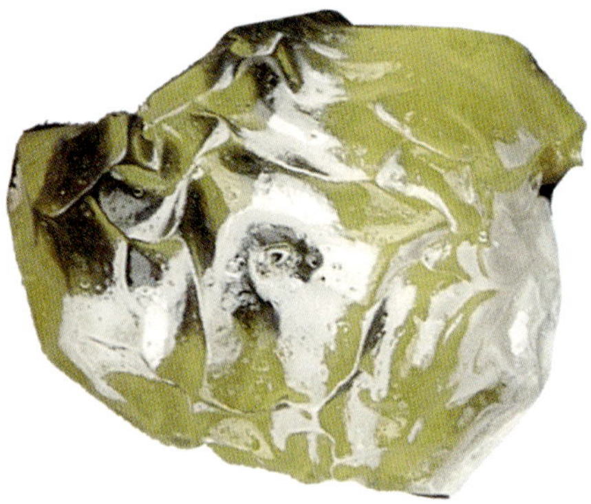

TIPP
Verschiedene Umsetzungsvarianten: transparent, eingebettete Kupferfolie, Marmorier-Effekt.

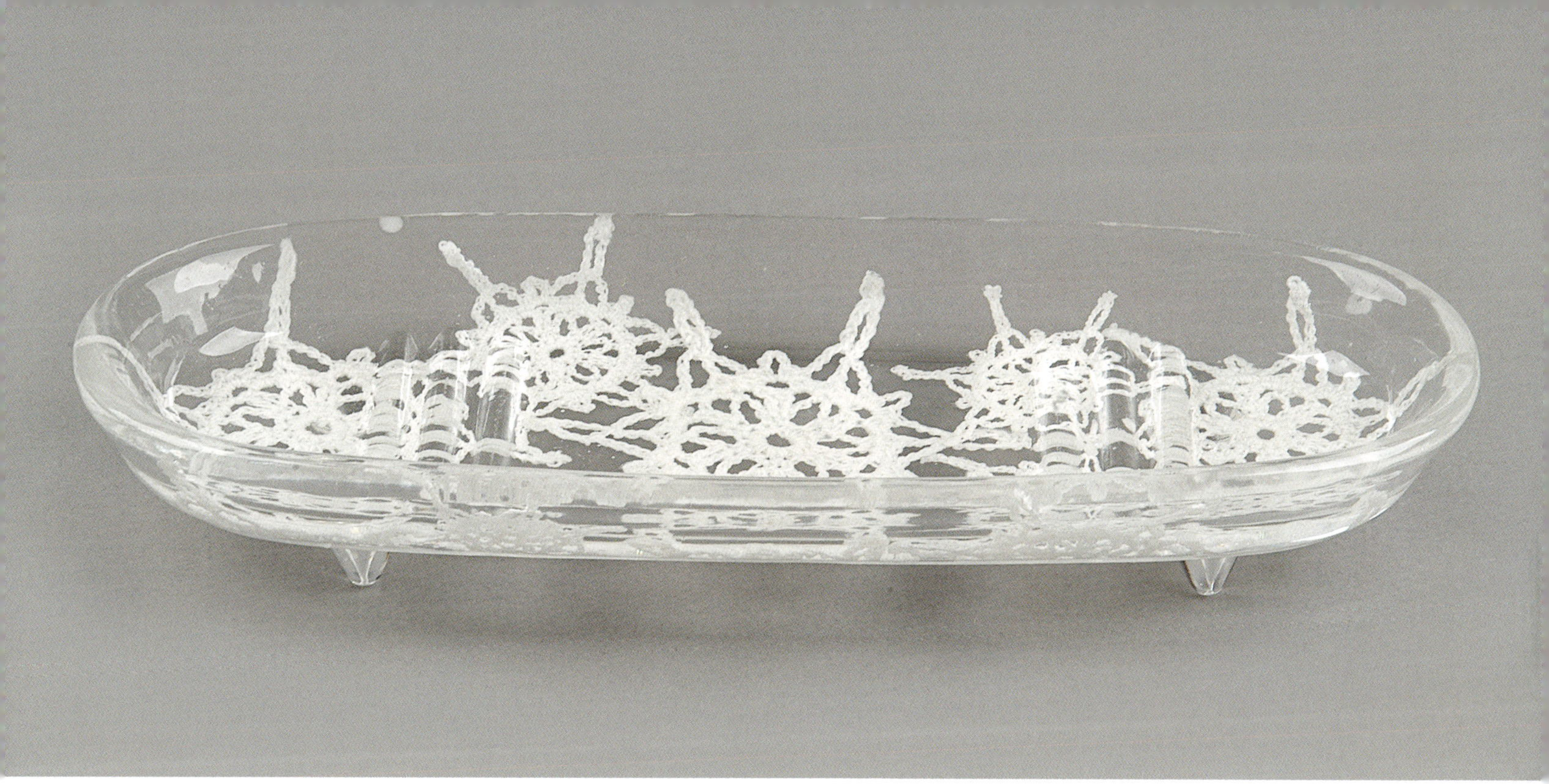

SILIKONFORM / HÄKELSTERN-SCHALE

Schalen und Gefäße aus Kunstharz sind ideal für Einbettungen, da genügend Platz auch für großformatigere Dinge gegeben ist. Als Vorlage für die Silikonform dient eine Porzellan-Seifenschale, die eine hochglänzende Oberfläche mitbringt.

Wegen der Hinterschneidung wird das Silikon Addition Pink 10 genutzt. Es ist so flexibel, dass sich die Schale aus einer kleineren Öffnung herausziehen lässt, ohne das Silikon zu zerreißen. Das Silikon wird in zwei Chargen gemischt, da sich Mengen über 200 g wegen der Zähigkeit des Materials schlecht verrühren lassen.

Bei der Kunstharz-Umsetzung werden zierliche Häkelsterne in klares Kunstharz eingebettet, die Schale wird in einem Guss umgesetzt. Als optionalen Gimmick erhält die Schale zusätzlich kleine Füße, was den Retro-Touch betont.

Material für die Silikonform:
Schale als Vorlage
Silikon Addition Pink 10
Stabiler Karton, Tesa Perfect Gewebeband
Doppelklebeband, Cutter

Material für die Häkelstern-Schale:
Epoxidharz-System PRO
Kleine Häkelsterne in verschiedenen Größen
Zylinder-Silikonform (hier von Silikomart)
Pinsel, Ponal-Holzleim oder Buchbinderleim
Nassschleifpapier, Körnung 180
Holzstäbchen
Stabfeuerzeug

Silikonform

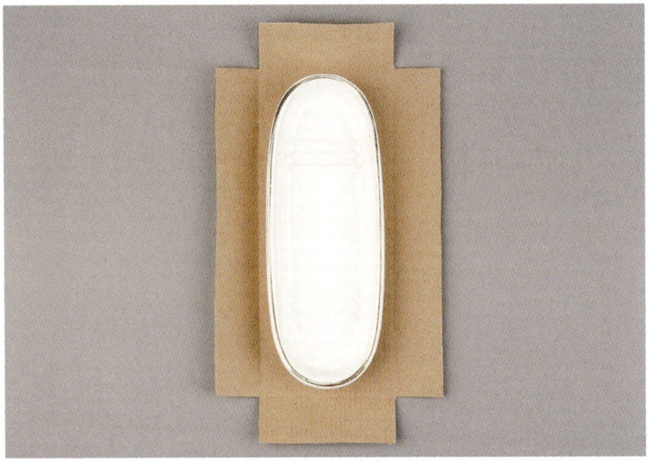

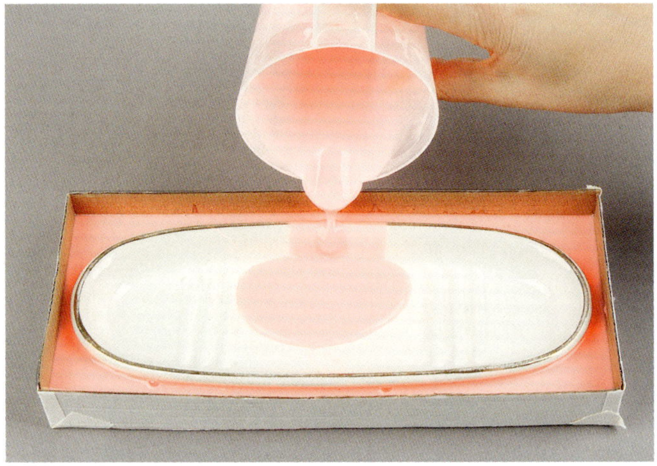

1. Weil die Silikonform massiv wird, sollte der Gießkasten stabil sein. Aus einer dicken Pappe wird ein Kasten mit Seitenwänden zum Hochschlagen konstruiert, der größer als die Porzellanschale und 2 cm höher ist. Die Seitenwände werden nach innen umgeklappt und die Ecken mit Klebeband von außen fixiert und versiegelt. Auf den Boden werden zwei Streifen Doppelklebeband befestigt und der Schalensockel auf dem präparierten Kastenboden mittig fixiert.

2. 200 g Silikon anmischen. Mit einem dünnen Strahl wird erst außerhalb der Porzellanschale Silikon in den Kartonkasten gefüllt, bis die Schale von Silikon umschlossen ist. Erst dann auch den Innenteil mit Silikon füllen. Dafür wird die zweite Charge Silikon gemischt. Über dem Porzellanrand soll das Silikon rund 5 mm überstehen. Über Nacht aushärten lassen.

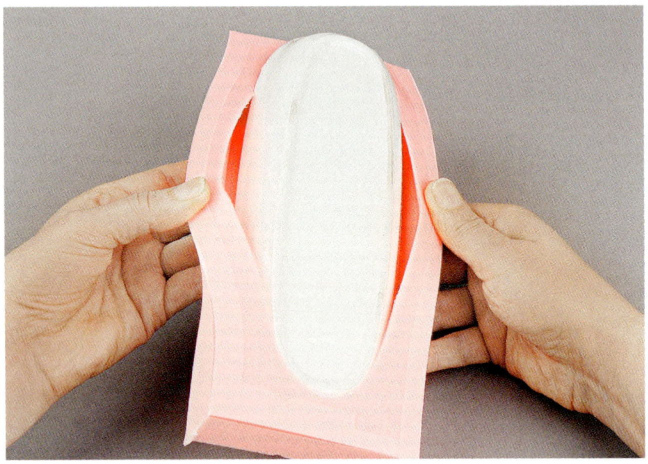

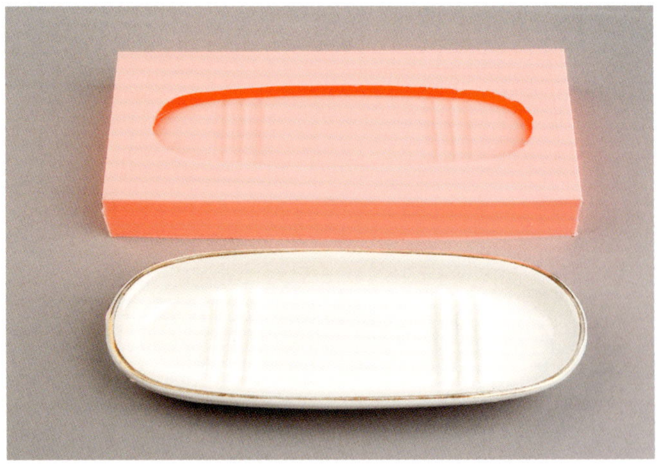

3. Kartonkasten an den Ecken aufschneiden, Karton ablösen und wegwerfen. Die Porzellanschale herausnehmen.

Porzellanschale und einteilige Negativform aus Silikon.

Häkelstern-Schale

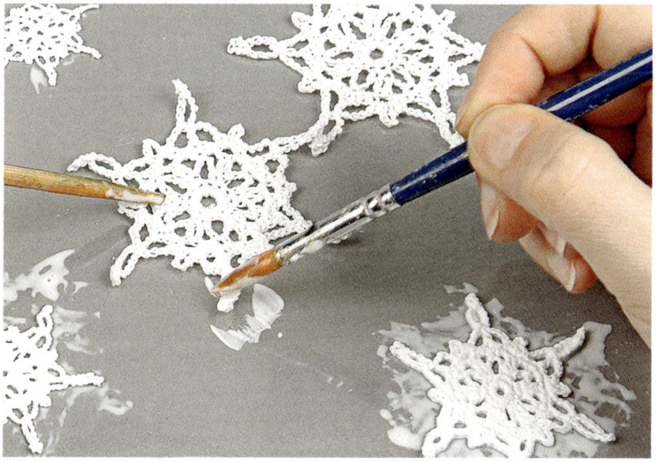

1. Textile Einbettungen wie die gehäkelten Sterne verändern wegen der Saugfähigkeit des Garns im Kunstharz ihr Aussehen. Vorab werden die Häkelsterne daher mit Ponal-Holz- oder Buchbinderleim bestrichen. Dieser versiegelt die Fasern und trocknet transparent auf. Über Nacht trocknen lassen.

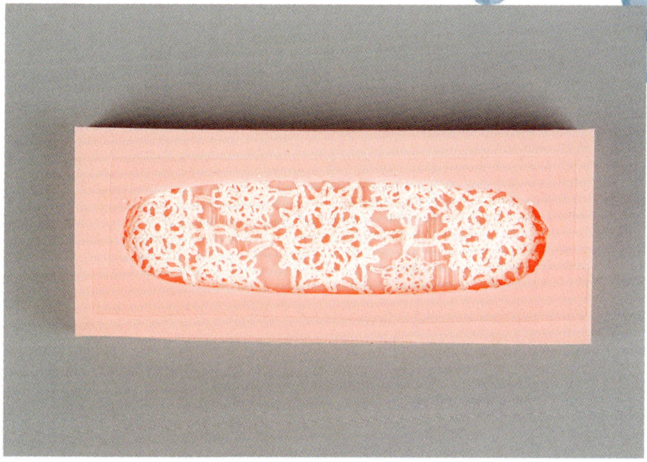

2. Die Sterne in der Silikonform platzieren, dabei die feinen Spitzen in den Schalenrand schieben.

3. 200 g Kunstharz mischen und mit einem dünnen Strahl bis zum Rand der Silikonform einfüllen. Mit dem Holzstäbchen die Platzierung der Häkelsterne nachjustieren. Bei aufsteigenden Luftblasen wird das Stabfeuerzeug eingesetzt. Härten lassen.

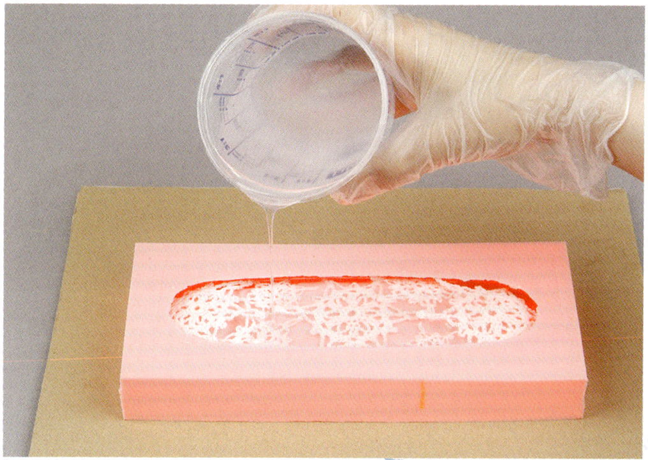

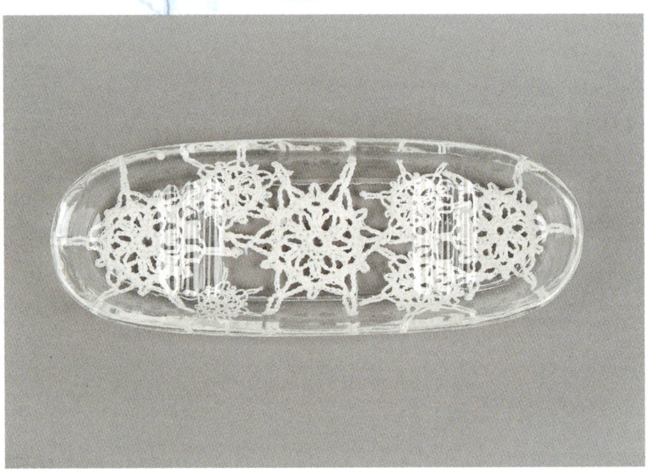

4. Kunstharz-Schale ausformen.

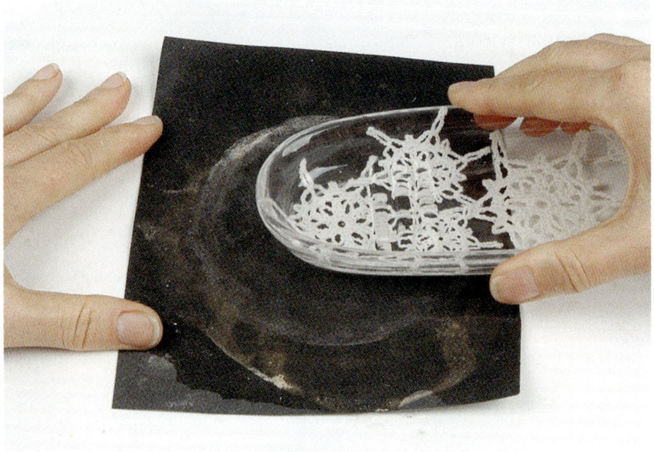

5. Der scharfkantige Rand am Sockel wird auf nassem Schleifpapier mit Körnung 180 geglättet und gekürzt. Nach dem Schleifen sollte der Rand rundherum noch ein wenig hochstehen.

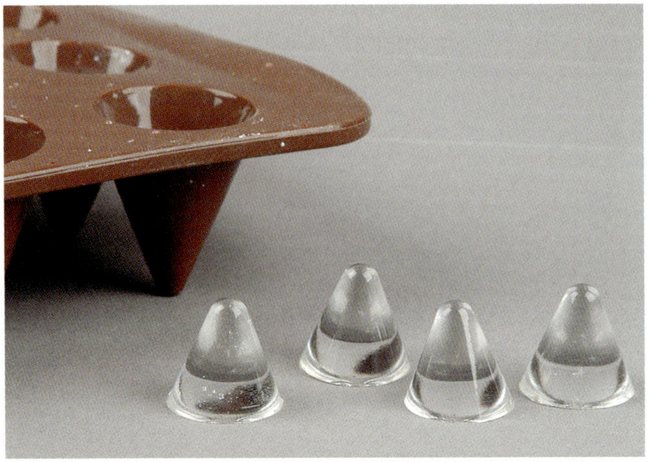

6. Die Füßchen werden mit einer Zylinder-Silikonform und dem Epoxidharz-System PRO transparent in einem Guss hergestellt. Halbhohe Zylinder reichen von der Höhe aus.

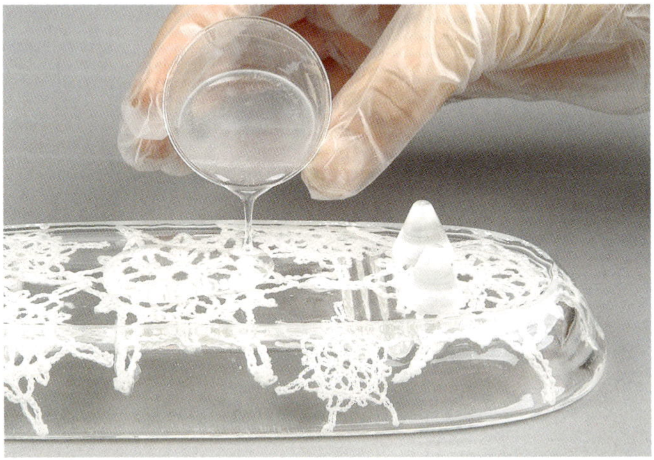

7. Schale mit dem Sockel nach oben waagrecht ausrichten. Wenig Kunstharz mischen und eine dünne Schicht auf die Sockelfläche der Schale gießen. Zylindrische Füßchen auf die nasse Oberfläche aufsetzen und positionieren. Harz aufgießen bis zum Rand. Mit einem Holzstäbchen Kunstharz auf den matten Schleifrand streichen. Härten lassen.

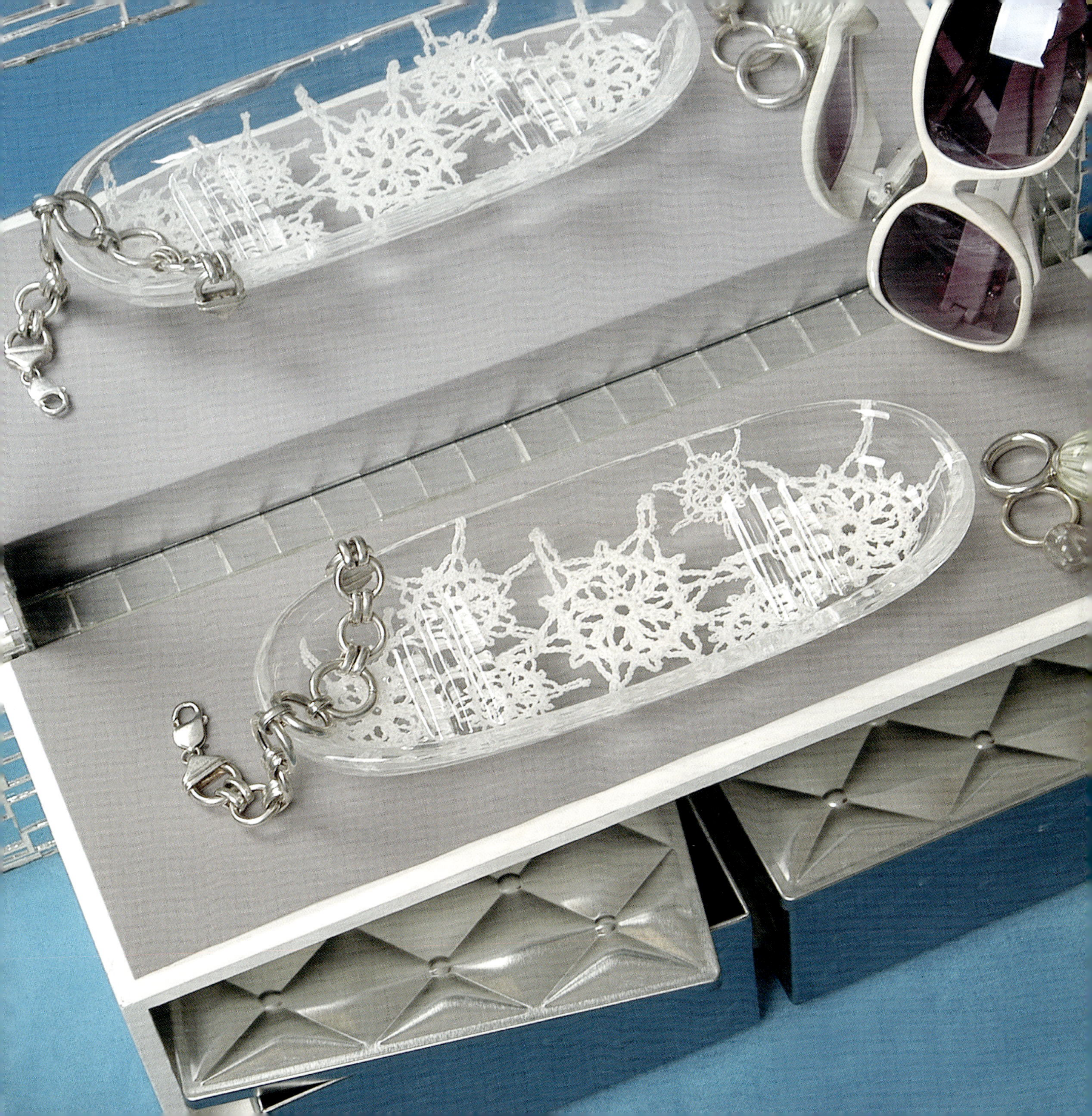

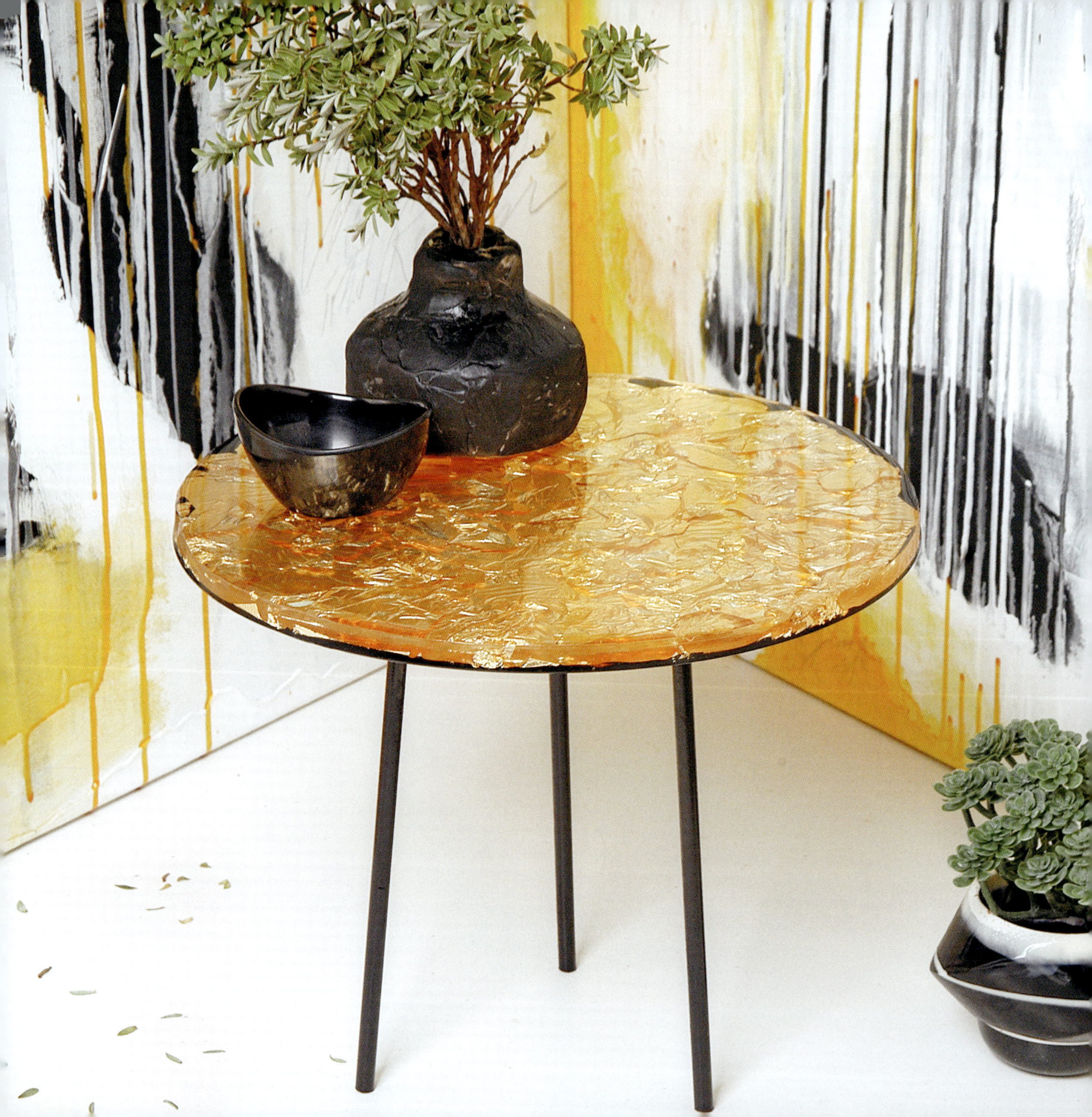

DEKO-TISCH „GOLDENE SCHALLPLATTE“

Upcycling mit Kunstharz: Eine ausgediente Schallplatte wird mit goldenem Schlagmetall veredelt und in einen luxuriösen und massiven Beistelltisch verwandelt. Das „Blattgold“ wird in zwei Schichten aufgetragen und wirkt in Kunstharz, als würde es im Wasser treiben. Abhängig vom gewünschten Effekt und von der Dicke der Platte werden vier Schichten Kunstharz aufgebracht und nicht ganz 1 kg Material benötigt. Der Sockel ist ein gebrauchtes Dreibein aus dem Campingbedarf, das mit Kunstharz auf die Unterseite der Schallplatte geklebt wird. Alternativ lassen sich auch andere Tischbeine mit Kunstharz befestigen.

Material:
Epoxidharz-System ECO
Langspielplatte, Dreibein (eventuell mit Spraylack vorab schwarz sprühen)
Doppelklebeband
Kunststoffunterlage
Schlagmetall „Gold“
Universalverdünnung, Tuch
Holzstäbchen
Kleine Wasserwaage, Metallfeile, Cutter

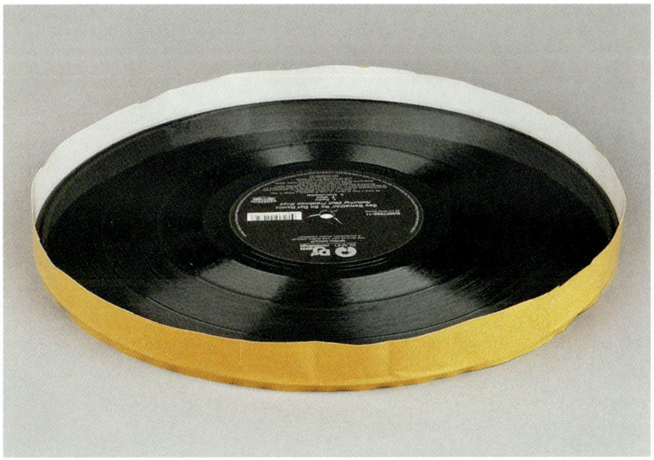

1. Benötigt wird ein 100 cm langer Streifen Doppelklebeband. Dieser wird rundum glatt auf den seitlichen Rand der Schallplatte geklebt, sodass das Klebeband zu beiden Seiten gleichmäßig übersteht. Das Ende des Klebebands soll mindestens 3 cm überlappen. Das Loch wird ebenfalls mit einem Stück Klebeband fest verschlossen. Alle Klebestellen fest andrücken.

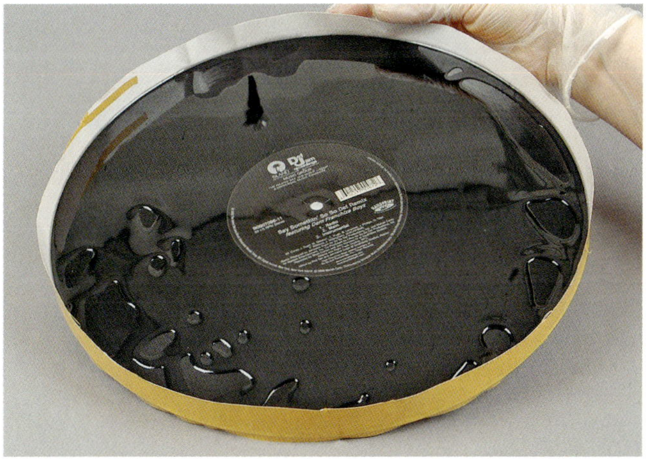

2. Die Schallplatte sicherheitshalber auf eine Kunststoffunterlage legen. Falls die Platte wackelig auf dem Klebeband aufliegt, auf einem Sockel platzieren. Mit der kleinen Wasserwaage prüfen, ob die Platte waagrecht liegt. Für die erste Schicht 120 g Kunstharz mischen und auf die Platte gießen. Damit die Oberfläche komplett bedeckt wird, diese zwischen den Händen kippen. 4 Std. härten lassen.

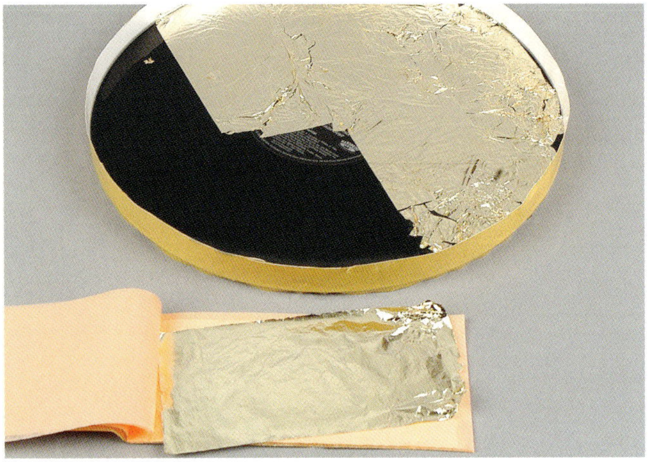

3. Die einzelnen Blätter des Schlagmetalls leicht überlappend auf der noch klebrigen Harzoberfläche platzieren. Da es die erste von zwei Lagen ist, kommt es dabei nicht auf Genauigkeit an. Härten lassen.

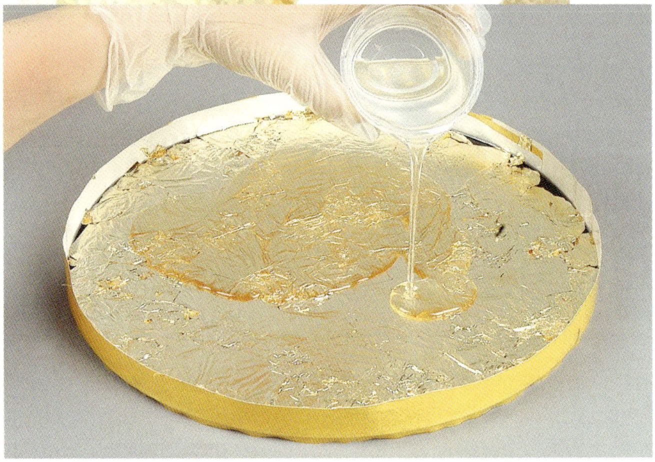

4. Die zweite Schicht Kunstharz sorgt für den nötigen Abstand zwischen den beiden Lagen des Schlagmetalls. 150 g Kunstharz mischen und auf die Oberfläche gießen. Härten lassen.

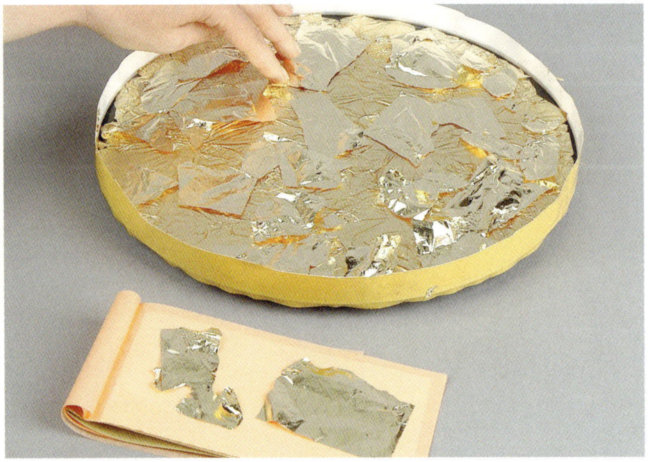

5. Bei der zweiten Lage Schlagmetall werden kleine Stücke gerissen und diese nur flüchtig auf der gehärteten Oberfläche angedrückt.

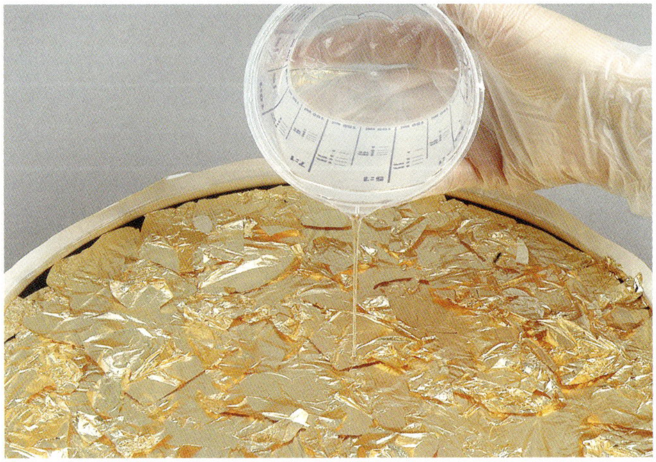

6. Die dritte Schicht Kunstharz bringt das oben aufliegende Schlagmetall zum „Schweben“. Dazu werden 250 g Kunstharz benötigt. Beim Gießen kontrollieren, ob der Effekt zusagt. Mit mehr Kunstharz wird die Wirkung räumlicher und die Platte massiver. Verrutschte Stücke vom Blattmetall werden mit einem Holzstäbchen justiert. Staubsicher abdecken und härten lassen.

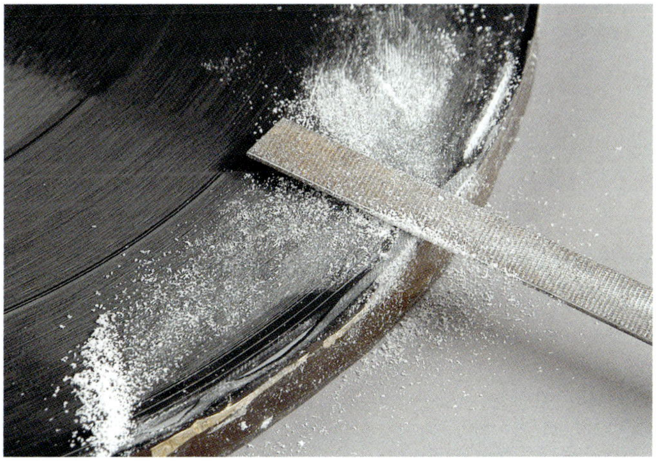

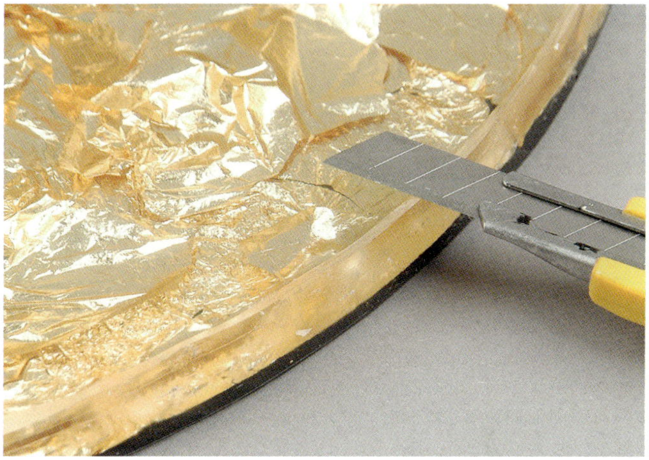

7. Klebeband abziehen. Falls der seitliche Rand der Platte klebrig ist, liegt das an den Rückständen vom Klebeband, diese lassen sich mit Universalverdünnung und einem Tuch entfernen. Auf der Unterseite ist möglicherweise etwas Kunstharz ausgetreten, diese scharfen Kanten werden mit der Metallfeile geglättet.

8. Der scharfkantige Rand auf der Vorderseite wird mit dem Cutter gekürzt.

9. Um den gekappten Rand zum Glänzen zu bringen, muss die komplette Oberfläche der Platte laminiert werden. 170 g Kunstharz mischen. Aufgießen, bis die Oberfläche einheitlich eben ist. Das Kunstharz mit einem Holzstäbchen von der Mitte aus bis ganz an den matten Rand ziehen. 15 Min. beobachten. Zieht sich das Kunstharz an den Rändern zurück, ist die Platte nicht waagrecht ausgerichtet. Bilden sich „Kuhlen" in der Oberfläche, wird noch mehr Kunstharz benötigt. Zwei Tage härten lassen.

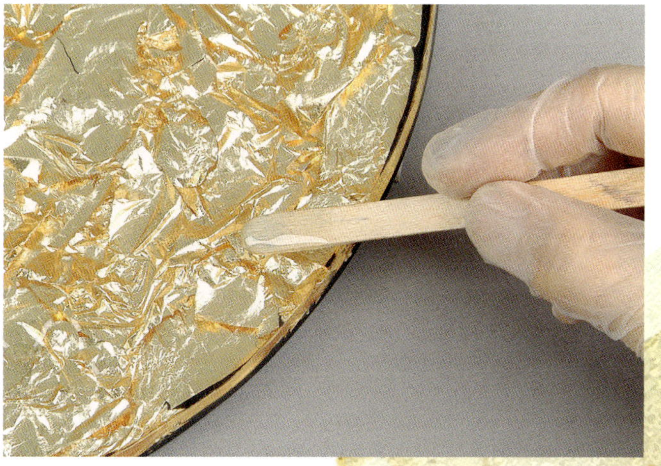

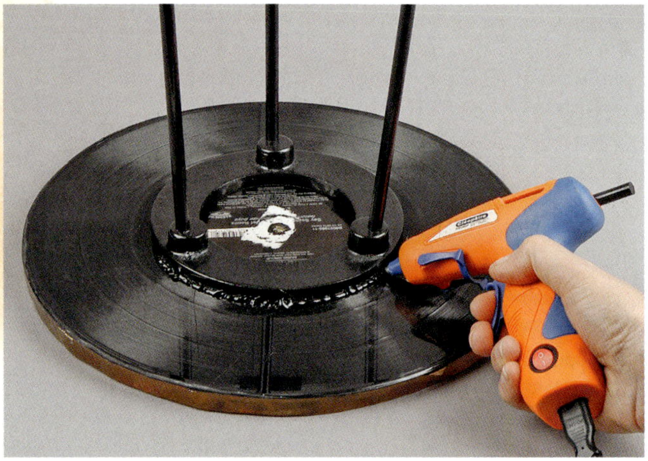

10. Die Platte mit der LP-Seite nach oben auf der Arbeitsplatte ausrichten. Dreibein mittig positionieren. Um zu verhindern, dass Kunstharz ausläuft, die Dreibein-Auflagefläche rundherum mit Heißkleber versiegeln.

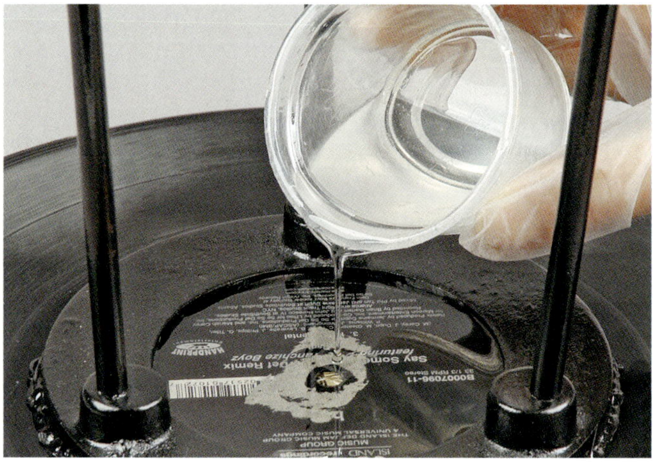

11. 100 g Kunstharz mischen und in den inneren Ring des Dreibeins gießen, das Kunstharz soll bis zur Oberkante des Metallrings reichen. Härten lassen.

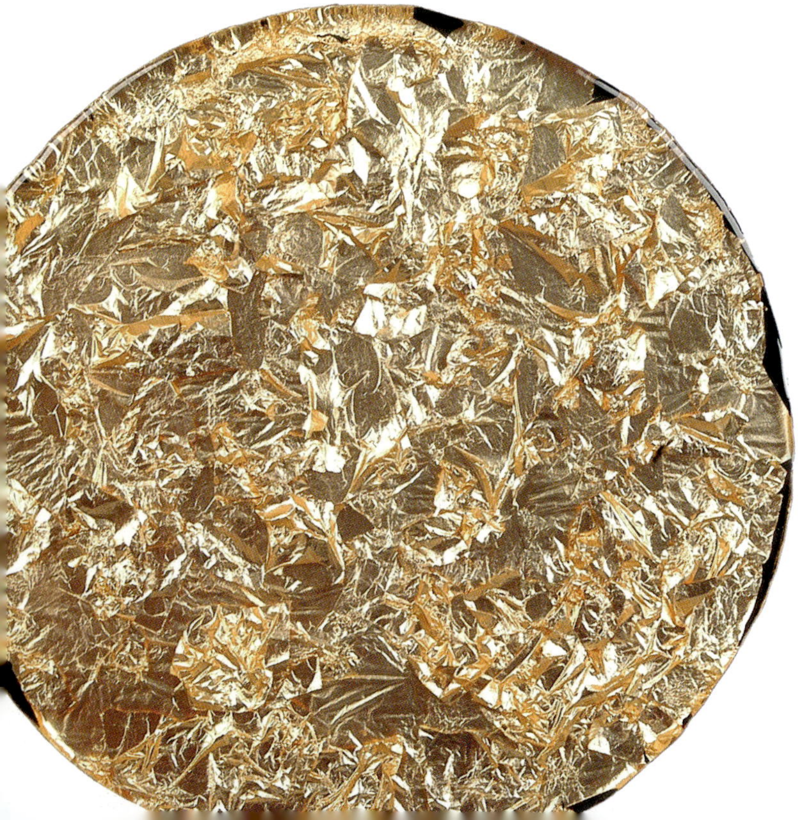

Fertig ist deine persönliche „Goldene Schallplatte".

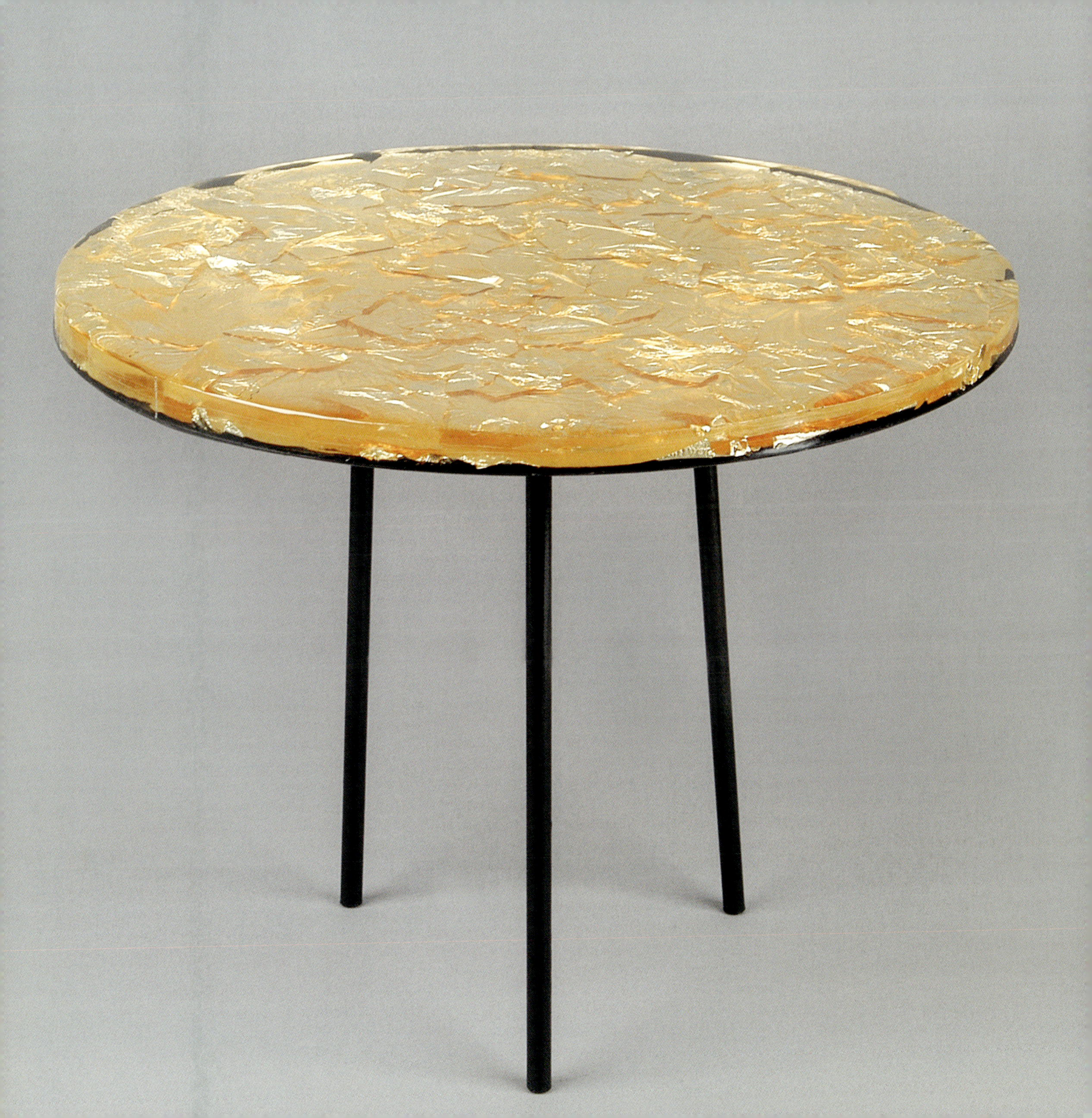

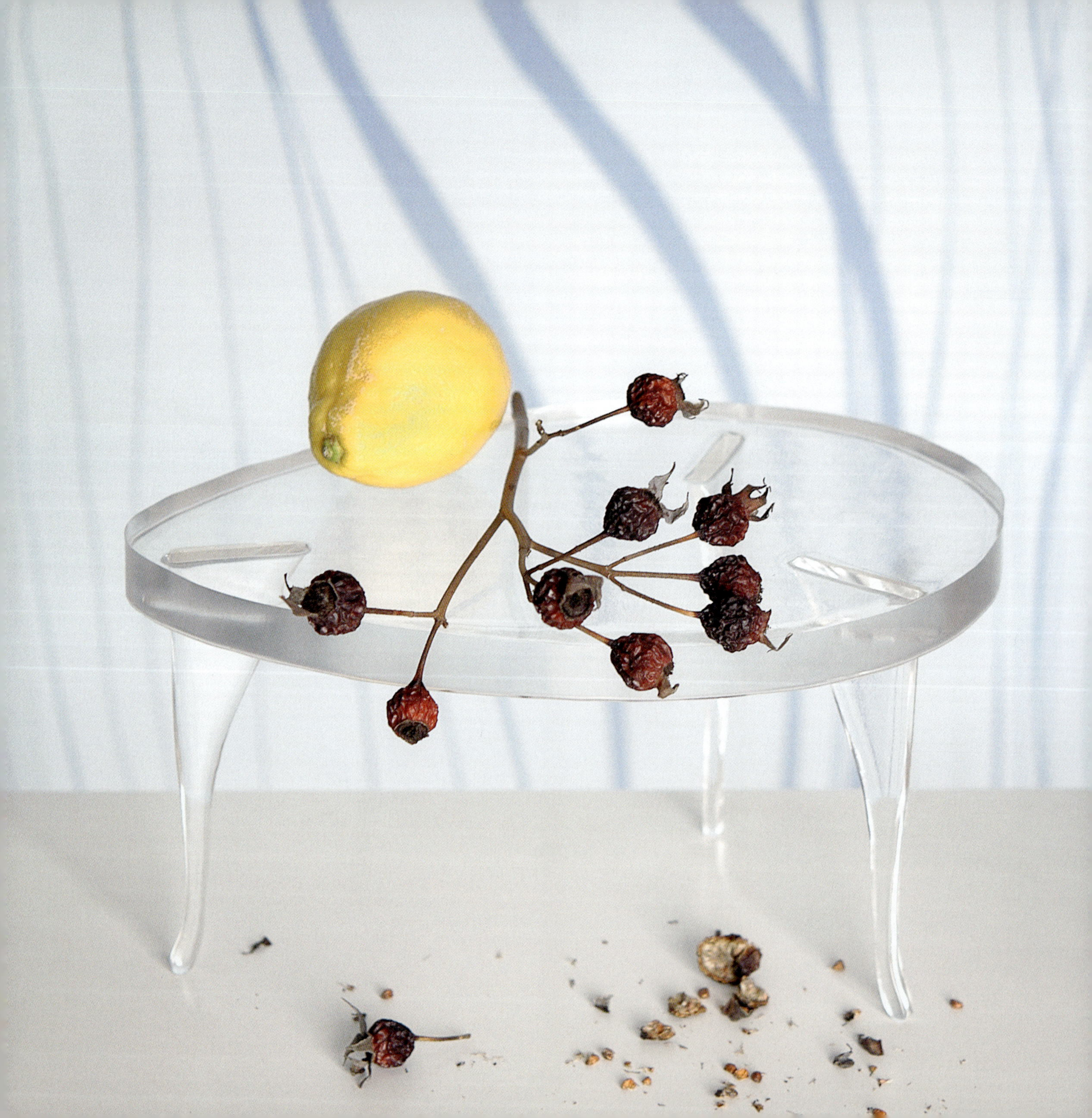

TRANSPARENTER DEKO-TISCH

Dieser ausgefallene Tisch zeichnet sich durch eine oval geformte Platte aus, die auf zierlich geschwungenen Beinen steht. Die Form für die Platte wird aus Overheadfolie und breitem Aluminiumdraht zusammengebaut und kann individuell gestaltet werden. Sie wird mit zwei Schichten Kunstharz realisiert, wobei mit der zweiten Schicht auch die Beine befestigt werden.

Die Form für die Beine wird vorab mit Draht und Klebeband hergestellt und mit Silikon abgeformt. Damit lässt sich die gewünschte Anzahl transparenter Beine herstellen. Alternativ lassen sich auch Rundholz- oder Metallrohr-Beine anbringen.

Material:
Epoxidharz-System PRO+
Wellpappe, Schere
Overheadfolie DIN A3
Breiter Aluminiumdraht flach, 3 cm breit (Floristikbedarf)
Paketband, Epodex Trennmittelspray, Tuch
Epoxidharz-System PRO
Cutter
Nassschleifpapier
Dünnes Brett
Wasserwaage
Heißklebepistole
Steine zum Stützen (alternativ Bücher), ablösbarer Kitt
Zange

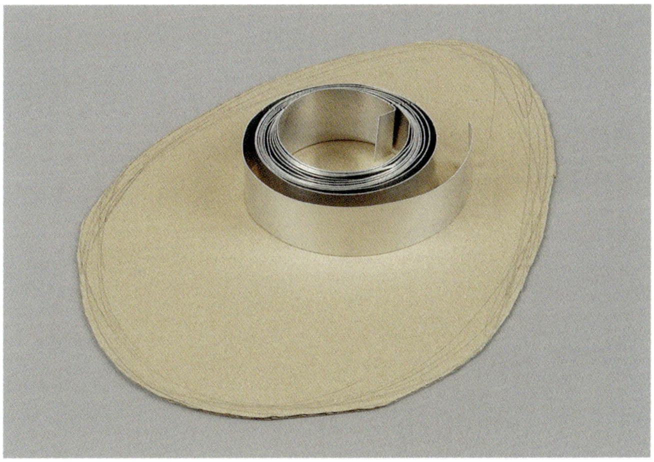

1. Aus der Wellpappe eine Vorlage für Form und Größe der Platte schneiden.

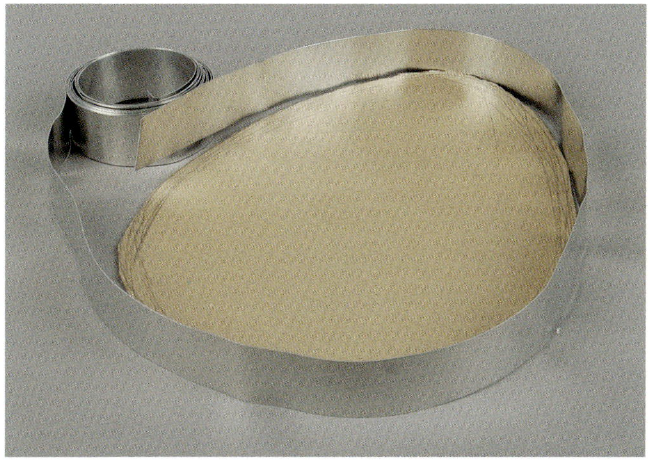

2. Den breiten Draht anhand der Pappvorlage in die gewünschte Form biegen. Die Drahtenden werden ohne Überlappung mit Paketband von außen aneinander fixiert.

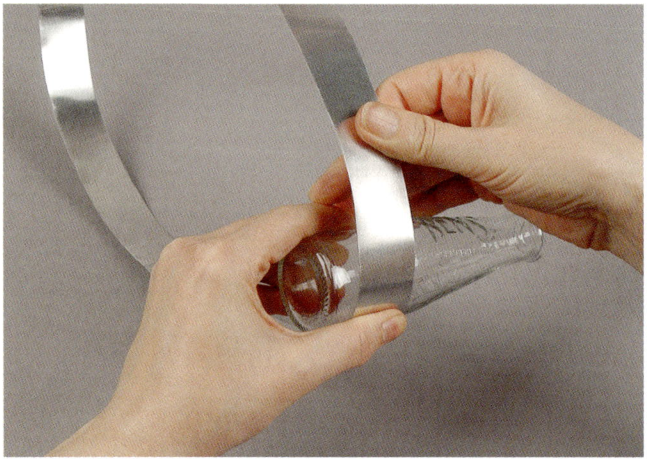

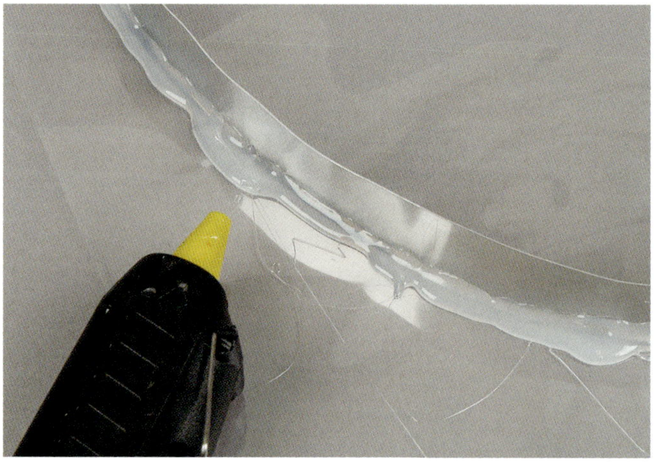

3. Der Draht verformt sich beim Biegen. Um die Beulen zu glätten, wird der Draht über eine Flasche gelegt und glatt gestrichen. So lassen sich auch die Kurven im Oval feinjustieren.

4. Die Drahtform mit Heißkleber auf eine DIN-A3-Overheadfolie kleben. Der Heißkleber wird von außen angebracht. Achtung: Was nach oben zeigt, wird die spätere Unterseite der Platte.

5. Mit Trennspray die Innenseite der „Form" einsprühen und Folie und Draht mit einem Tuch nachreiben. Dabei vorsichtig vorgehen, damit sich die Klebenähte nicht lösen.

Für die Grundschicht werden 1,5 kg Epoxidharz-System PRO+ benötigt. Das Kunstharz in Chargen von 500 g mischen und in die Drahtform füllen. Bis zur oberen Drahtkante sollte noch 1 cm Platz sein. Staubsicher abdecken. Härten lassen.

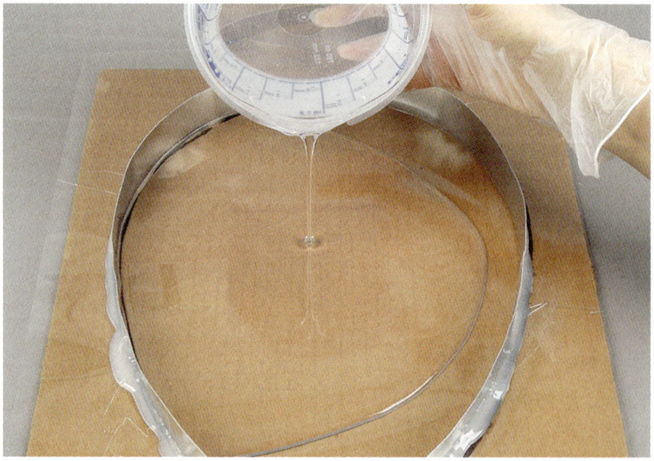

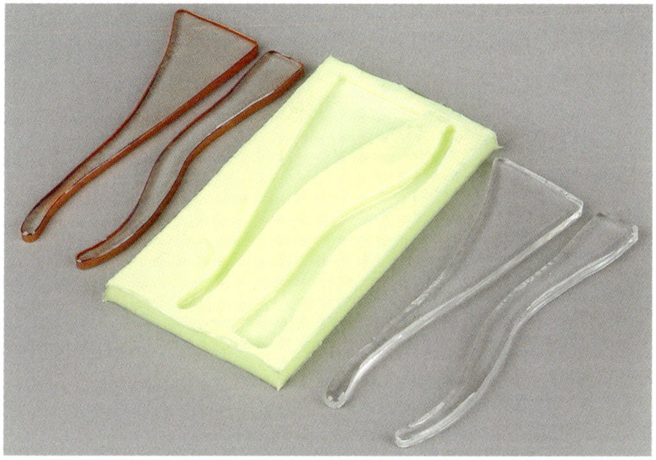

6. Die Beine werden mit der selbst gemachten Silikonform und dem Epoxidharz-System PRO hergestellt. Den scharfkantigen Rand mit dem Cutter glätten, die Aufstellfläche mit Nassschleifpapier aufrauen.

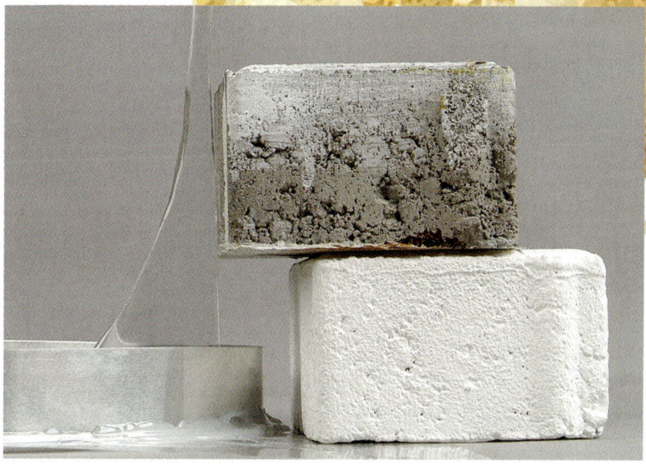

7. Die Beine mit der Aufstellfläche auf der Platte positionieren, zum Rand sollten die Beine etwas Abstand haben. Da die schmalen Beine von alleine nicht sicher stehen, werden sie mithilfe einer Stützkonstruktion aus Pflastersteinen und Kitt kippsicher fixiert.

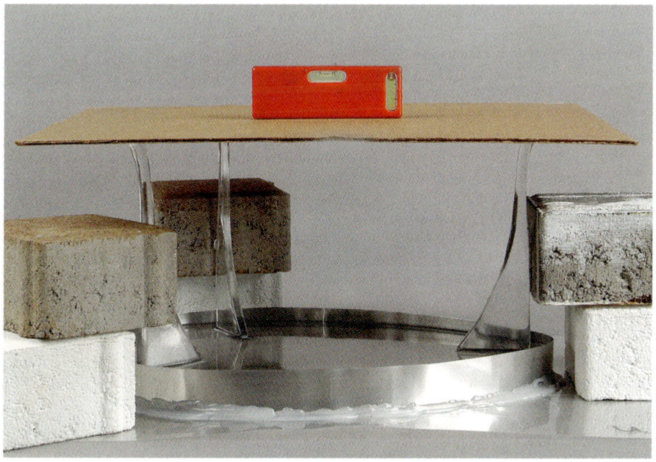

8. Vor dem Gießen mit einem dünnen Brett und der Wasserwaage testen, ob die Beine richtig positioniert sind.

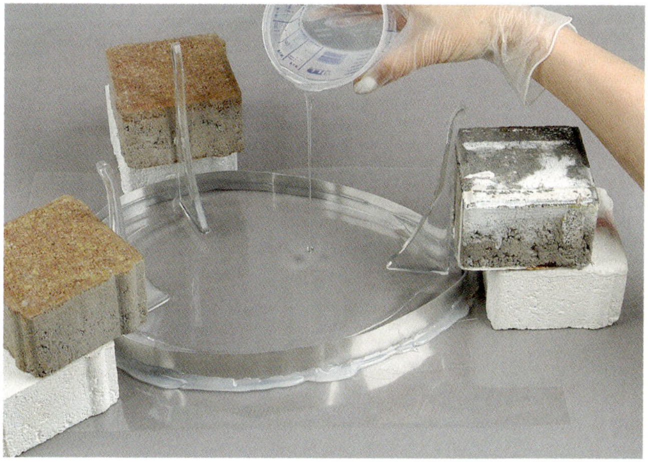

9. Für die zweite Schicht 800 g Kunstharz mischen und in die Drahtform gießen. Staubsicher abdecken. Härten lassen. Die Beine sind nun mit der Platte fest verbunden.

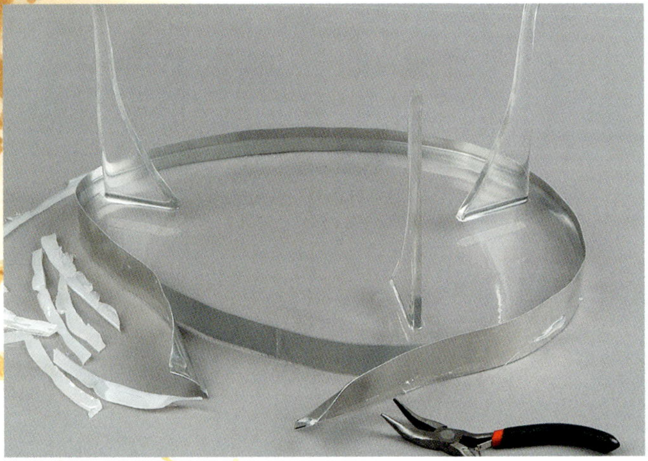

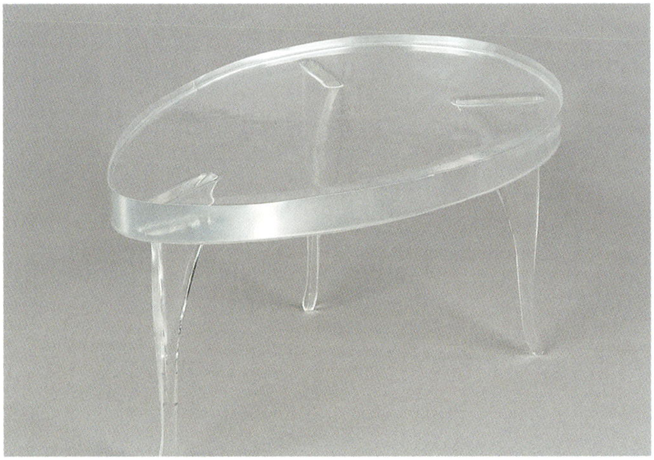

10. Folie von der Platte abziehen, Heißklebenaht mit der Zange abbrechen und Draht ablösen. Dank des Trennmittels geht das ganz einfach.

11. Den scharfkantigen Rand auf der Unterseite mit dem Cutter glätten – fertig! Das transparente Tischchen ist ein toller Sockel für Deko- und Blumenarrangements und sorgt für schwerelose Eleganz.

TIPP

Anstelle des breiten Drahts kann man auch dünnen Karton verwenden, der innenseitig mit Paketband versiegelt wird. Das Paketband legt sich bei runden Formen in Falten, das macht die Optik sogar noch interessanter.

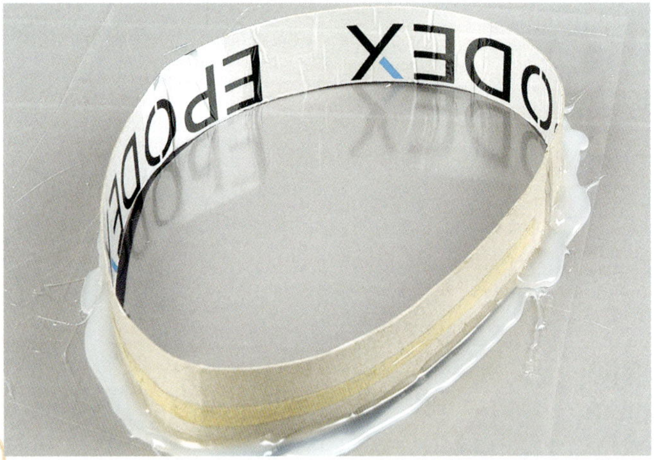

Nachbearbeitung

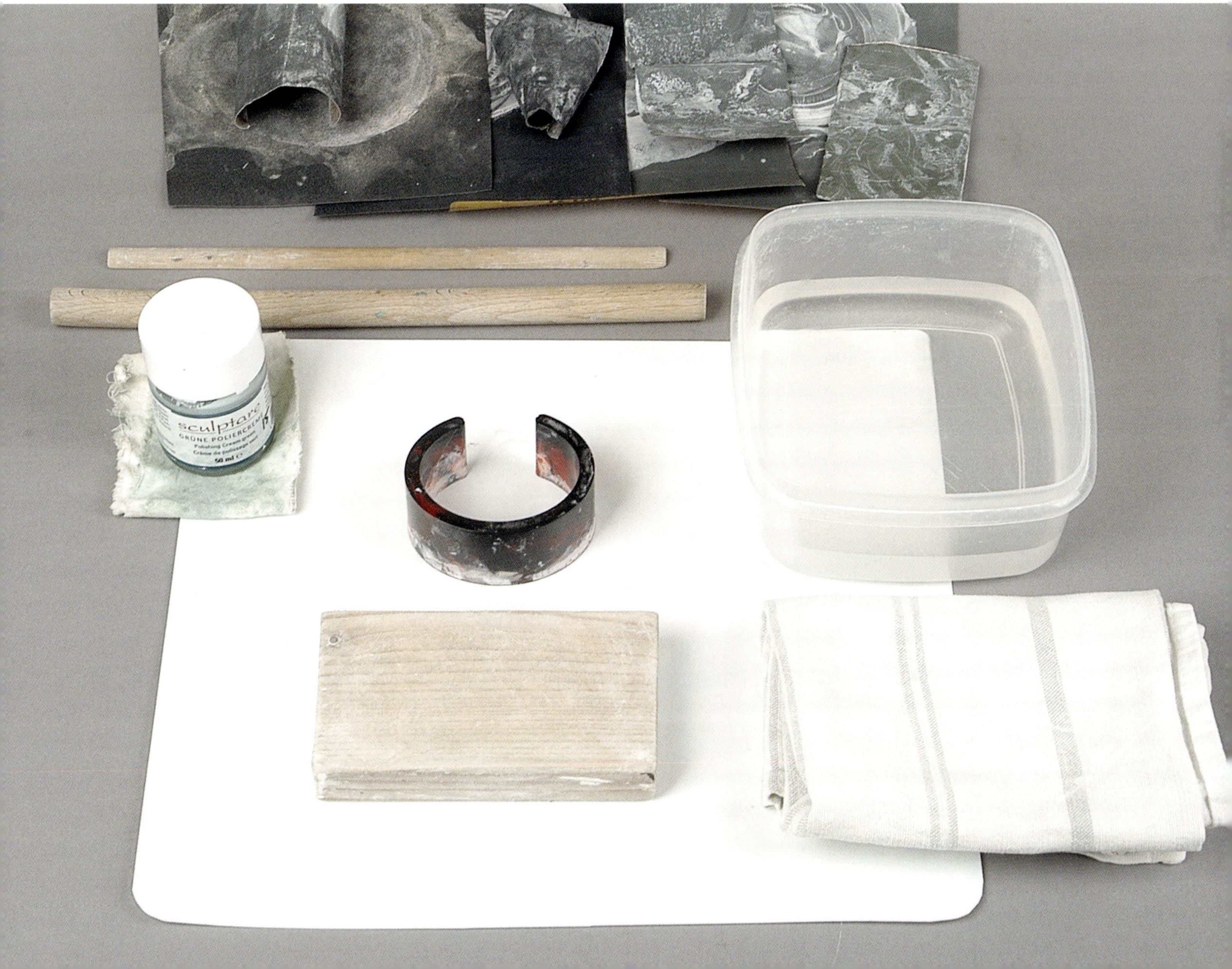

LAMINIEREN

Das „Überlackieren“ mit einer dünnen Schicht Kunstharz eignet sich für die Verbesserung von Oberflächen bei flachen Gießlingen. Sie ist als Interimslösung ideal, wenn man sich den Schritt zum „Schleifen und Polieren“ noch nicht in voller Länge zutraut. Laminieren erzeugt eine hochglänzende, leicht gewölbte Oberfläche.

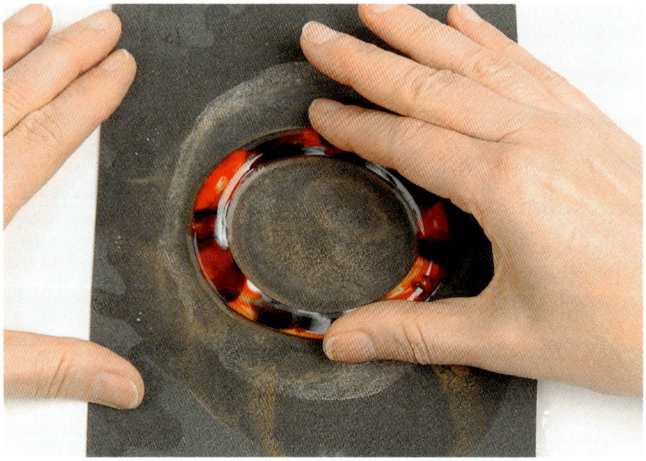

1. Je nach Ausgangssituation wird der Gießling vor dem Laminieren vorbehandelt. Hat man eine eingesunkene Eingießfläche mit einem markanten „Schrumpfrand“ vor sich, wird dieser mit Cutter, Feile oder Schleifpapier geglättet. Dann probiert man an einigen Teststücken aus, welche Technik sich eignet und praktikabel ist.

Ist die Eingießfläche in sich beulig und uneben, wird sie mit 180er-Schleifpapier bearbeitet, bis sie einheitlich glatt ist.

Bei Umgebungstemperaturen von 20 °C und darunter wird für das Laminieren das Epoxidharz-System ECO genutzt. Über 20 °C kommt das Epoxidharz-System PRO mit dem PRO Härter zum Einsatz. Beide Harze sollen vor dem Auftragen ruhen, damit sie eine erhöhte Oberflächenspannung aufweisen und nicht „überlaufen“.

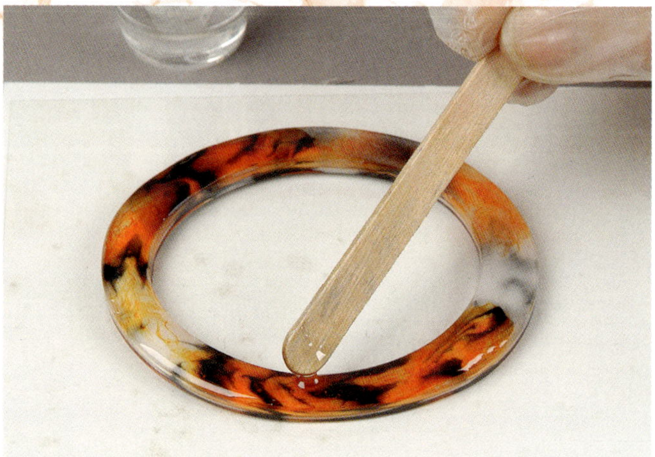

2. Das trockene Werkstück mit der matten Seite nach oben auf ein Stück Overheadfolie legen. Mit einem Holzstäbchen tropfenweise Kunstharz auf die Oberfläche bringen und von der Mitte bis an die Kanten verstreichen. Staubsicher abdecken. Deckschichten wenigstens 2 Tage härten lassen, bevor sie berührt werden, um Fingerabdrücke zu vermeiden.

SCHLEIFEN UND POLIEREN

Wer das volle Potenzial makelloser Kunstharz-Oberflächen nutzen möchte, kommt um das „Schleifen und Polieren“ nicht herum. Das Schleifen ist leider ziemlich eintönig und je nach Werkstück zeitintensiv. Meist gelingt es nicht auf Anhieb, schöne Ergebnisse zu erzielen, es gehört etwas Übung dazu. Die Qualität der Oberflächen ist jedoch überwältigend, sodass man den Aufwand gerne in Kauf nimmt.

Am Gießrand des breiten, marmorierten Armreifs von Seite 57 werden die Arbeitsschritte für den Handschliff mit Nassschleifpapier erläutert. Sie lassen sich auch auf größere und gewölbte Oberflächen übertragen.

Benötigt wird:
Plastikunterlage
Nassschleifpapier, Körnungen 180, 600, 1500 und 2000 (Baumarkt)
Polierpaste (hier von Sculptare), Baumwolltuch
Schale mit Wasser, Tuch zum Trockenreiben
Hilfsmittel Holzklotz, Halb- oder Rundholz bei Bedarf

Um Flächen zu bearbeiten, wird das Werkstück über flach liegendes Schleifpapier bewegt. So lässt sich am besten Kraft ausüben und die Handhaltung variieren.

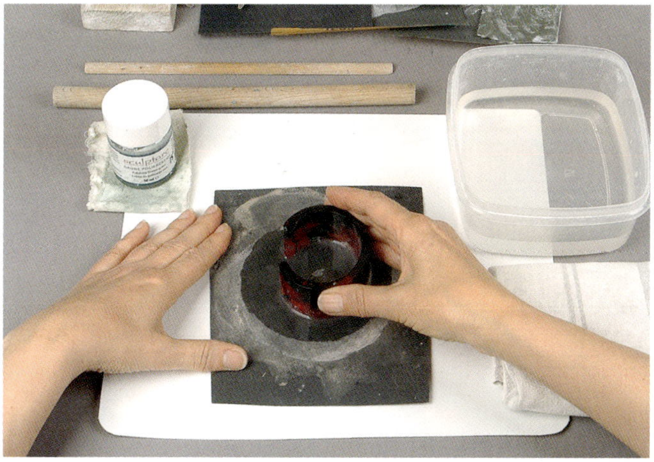

1. Man beginnt mit grobem Schleifpapier. Ein DIN A5 großes Stück 180er-Schleifpapier mit Wasser benetzen. Das Werkstück wird mäßig angedrückt und rotierend über das Schleifpapier gezogen und wiederholt gedreht, damit es nicht schief geschliffen wird. Zwischendurch immer wieder abspülen.

Die Schleiffläche gut trocken reiben und kontrollieren, ob die Fläche einheitlich stumpf ist. Falls noch glänzende Stellen zu sehen sind, den Schleifdurchgang wiederholen, bis die Fläche einheitlich matt ist. Erst dann zu Körnung 600 wechseln.

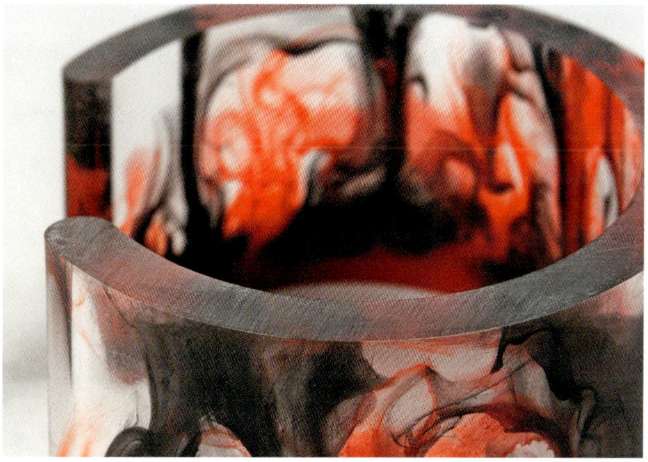

2. Den Schleifvorgang mit 600er-, 1500er- und 2000er-Schleifpapier wiederholen. Faustregel: Das Werkstück sollte pro Körnung insgesamt rund 100-mal über das Schleifpapier rotieren. Also nicht zu früh aufhören, sicherheitshalber die Rotationen abzählen. So sieht die Fläche nach dem Schleifen aus.

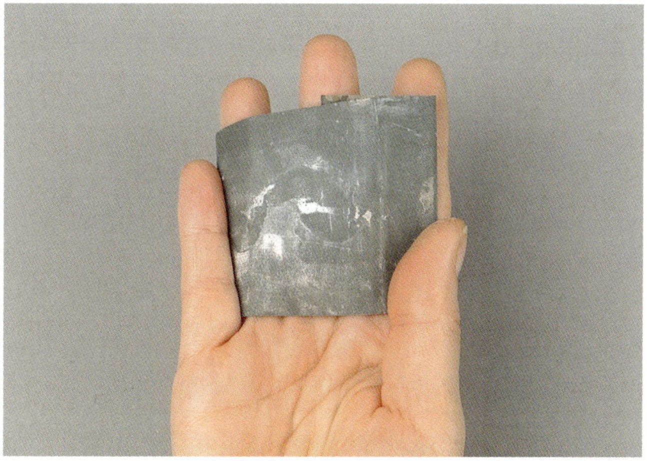

3. Anschließend werden die angrenzenden Kanten abgerundet. Dazu wird ein kleines Stück doppelt gelegtes Schleifpapier auf der Handfläche von Daumen und kleinem Finger festgeklemmt.

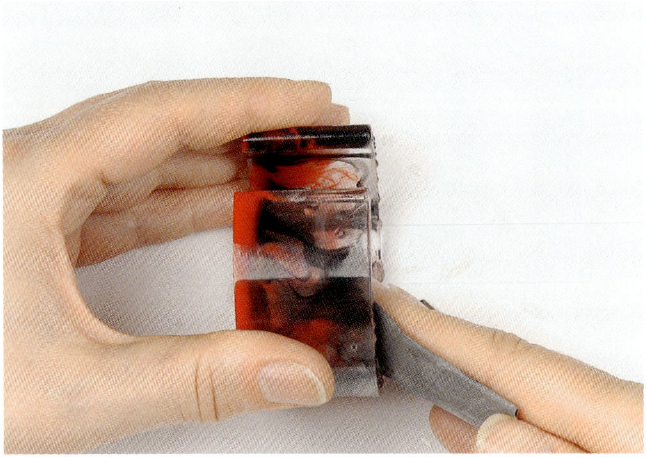

4. Für die Kanten reichen Schleifdurchgänge mit den Körnungen 600, 1500 und 2000 mit jeweils 50 Rotationen aus.

Die Handhaltung wird so ausgerichtet, dass das Schleifpapier nur mit der Kante und nicht mit den restlichen Oberflächen in Berührung kommt. Das verhindert unabsichtliches Verkratzen. Man kann als Hilfestellung einen Holzklotz zum Auflegen nutzen, um den Armreif in gekippter Position zu fixieren. Ein mit Schleifpapier umwickeltes Rundholz hilft auch, die Kanten präzise zu bearbeiten.

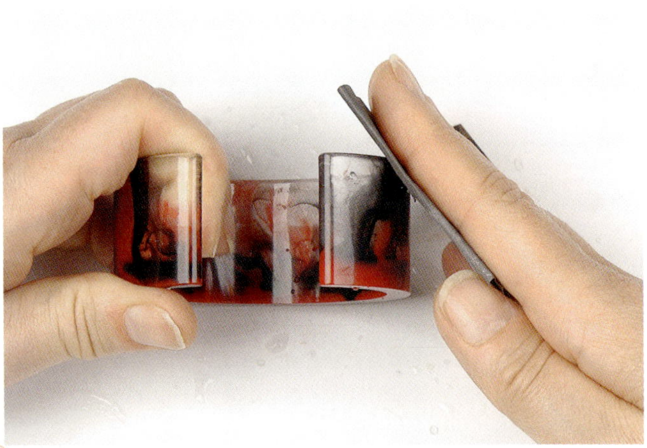

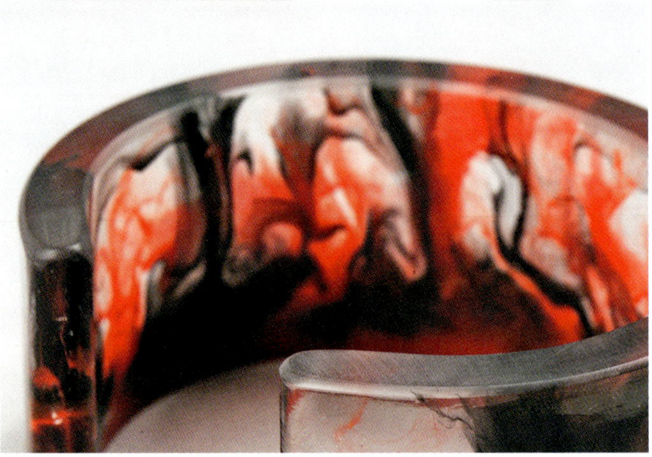

5. Armreif-Rand nach dem Flächen- und Kantenschliff.

6. Polierpaste dünn auf das Baumwolltuch aufbringen und mit kräftigem Druck über Fläche und Kanten reiben. Pro Stelle 10- bis 20-mal wiederholen.

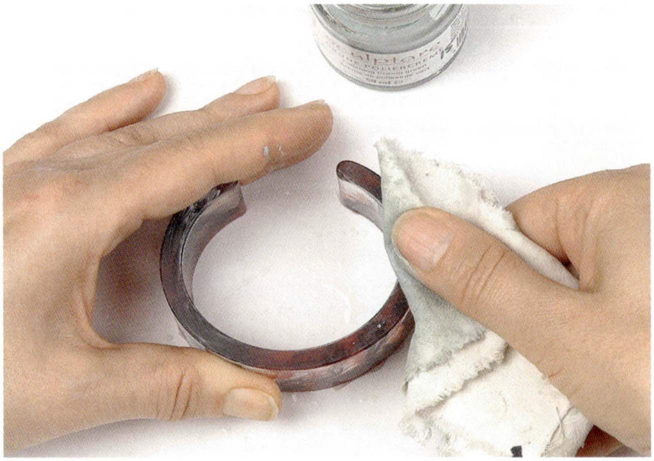

7. Mit Wasser abspülen und trocken reiben. Wenn sich kein Glanz einstellen mag, die Überarbeitung ab Körnung 600 wiederholen. Seite 95: So hinreißend ist das Ergebnis nach erfolgreichem Schleifen und Polieren.

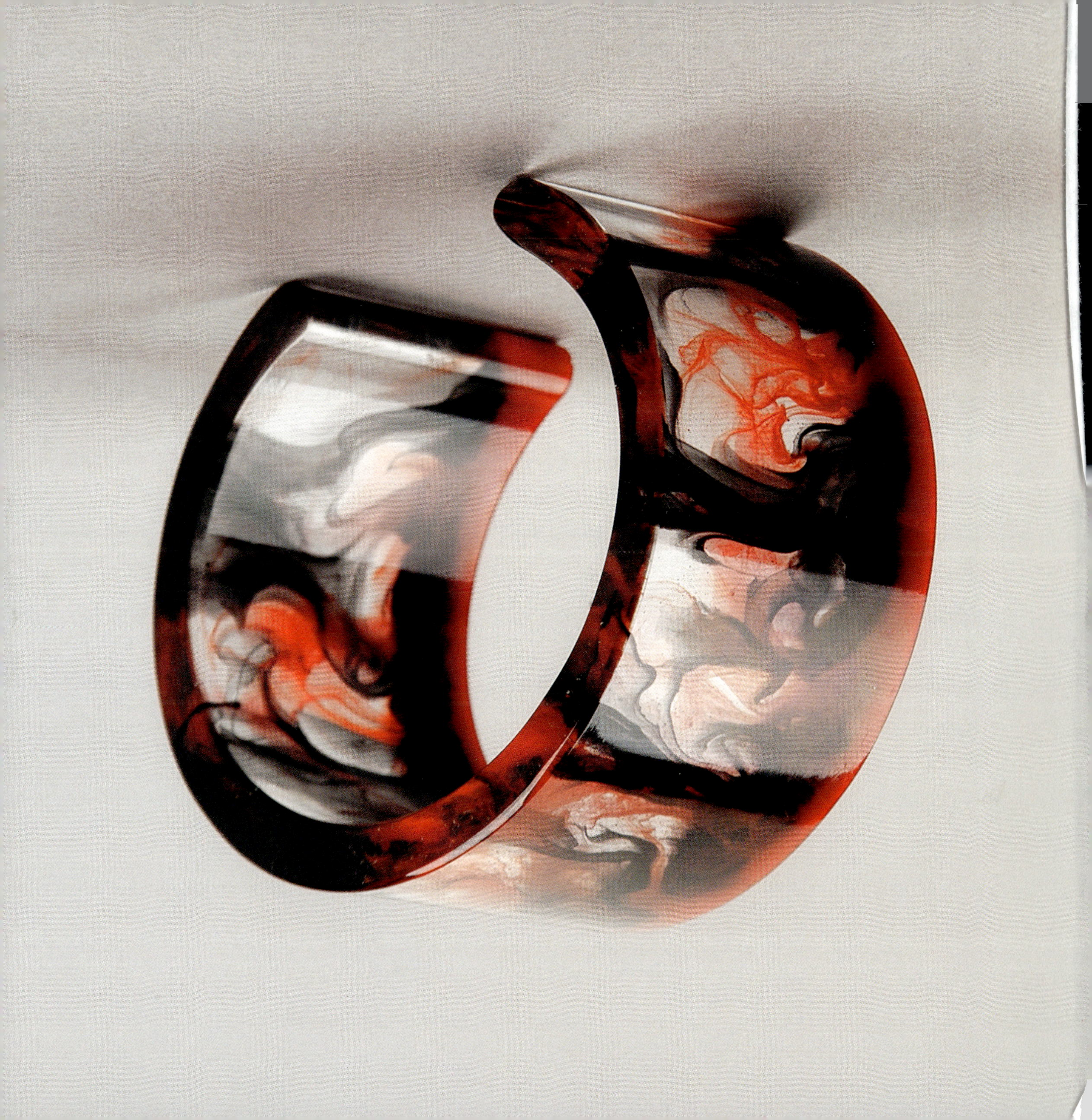

IMPRESSUM

Autorin: Edna Mo
Design & Realisation: Edna Mo
Fotos & Styling: Edna Mo
Produktmanagement: Claudia Hohdorf
Lektorat: Rosemarie Elsner
Korrektorat: Constanze Lüdicke
Umschlaggestaltung: Leeloo Molnár
Satz: Florian Geyer
Repro: LUDWIG:media
Herstellung: Stephanie Schlemmer
Printed in Slovenia by Florjancic

★★★★★

Sind Sie mit diesem Titel zufrieden? Dann würden wir uns über Ihre Weiterempfehlung freuen. Erzählen Sie es im Freundeskreis, berichten Sie Ihrem Buchhändler oder bewerten Sie beim Onlinekauf. Und wenn Sie Kritik, Korrekturen, Aktualisierungen haben, freuen wir uns über Ihre Nachricht an:
Christian Verlag, Postfach 40 02 09,
D-80702 München oder per E-Mail an
lektorat@verlagshaus.de.

Unser komplettes Programm finden Sie unter

www.christophorus-verlag.de

www.epodex.com (für das Epoxidharz)
www.siliconesandmore.com (für das Silikon)
www.gerstaecker.de (für die Harzfarbe Color' Resin von Cléopatre sowie für die Poliercreme)
www.madewithbluemchen.at (für die zierlichen Häkelsterne)

Die Deutsche Nationalbibliothek verzeichnet diese Publikation in der Deutschen Nationalbibliografie; detaillierte bibliografische Daten sind im Internet über http://dnb.d-nb.de abrufbar.

ISBN 978-3-8388-3776-5

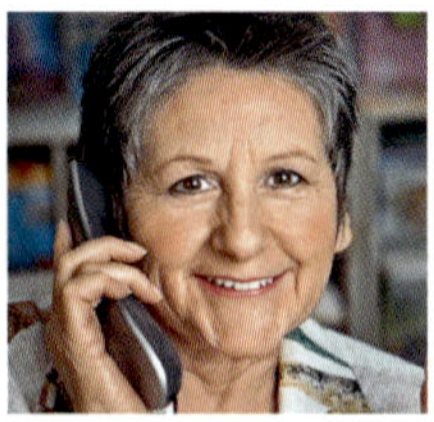

Kreativ-Service

Sie haben Fragen zu den Büchern und Materialien? Frau Erika Noll ist für Sie da und berät Sie rund um alle Kreativthemen. Rufen Sie an! Wir interessieren uns auch für Ihre eigenen Ideen und Anregungen. Sie erreichen Frau Noll per E-Mail: mail@kreativ-service.info oder Tel.: +49 (0) 50 52 / 91 18 58

Besuchen Sie uns im Internet: www.christophorus-verlag.de